SANTIAGO NETRI

Bibliography

[1] Hassan Habib. (2022), *The Standard*, Independently published.

[2] Hassan Habib, Christo du Toit. (2023), *The Standard Team*, An engineering standard for team culture, practices and code of conduct (https://github.com/hassanhabib/The-Standard-Team).

[3] Pressman, Roger S. (2014). *Software Engineering: A Practitioner's Approach*. McGraw-Hill Education.

[4] Perry, William E. (2009). *Software Development Lifecycle Basics*. Wiley-IEEE Computer Society Pr.

[5] McConnell, Steve. (2019). *Code Complete: A Practical Handbook of Software Construction*. Microsoft Press.

[6] Chacon, Scott, & Straub, Ben. (2014). *Pro Git*. Apress.

[7] Fowler, Martin. (2003). *Refactoring: Improving the Design of Existing Code*. Addison-Wesley.

[8] Beck, Kent. (2000). *Extreme Programming Explained: Embrace Change*. Addison-Wesley.

[9] Atlassian. (n.d.). *Comparing Git workflows: What you should know*. https://www.atlassian.com/git/tutorials/comparing-workflows.

A SHORT BRIEF OF EXCAVATION
BY RAMCHANDRA SHRIVASTAV

¿QUÉ SIGNIFICA EL DINERO EN TU VIDA?

Anímate a diseñar tu futuro

SANTIAGO NETRI

Netri, Santiago
¿Qué significa el dinero en tu vida?: Anímate a diseñar tu futuro
Santiago Netri. - 1a ed. - Olivos: Santiago Ricardo Netri, 2023.
280 p.; 23 x 15 cm.

ISBN 978-631-00-0656-7
Amazon ISBN Paperback: 979-885-33974-8-4
Amazon ISBN Hardcover: 979-885-33931-7-2

1. Microeconomía. 2. Finanzas Personales. I. Título.
CDD 332.024

Publicado por SNM Publishers
Amazon Kindle Direct Publishing

v 42.293

Primera edición en español: SNM Publishers 2023
Agosto 2023

Dedicado a:

A los primeros que dedico este libro es a mis padres, quienes decidieron en algún momento darme la oportunidad de vivir, y comenzar a transitar este camino de abundancia, que hoy empiezo a identificar con más claridad.

A todas las experiencias que me permitieron frustrarme, y darme cuenta de que necesitaba realizar cambios en mi vida.

A las personas, afectos y profesionales, que me marcaron rumbos y oportunidades a diseñar.

A mi mujer y familia, que me acompañan en el proceso de manifestación de estos contenidos, siempre entregando buenas observaciones y el estímulo necesario para siempre seguir adelante.

SANTIAGO NETRI

Gracias por adquirir este libro.

¿Tus objetivos tienen la altura suficiente?

Si vamos a subir la escalera nos tenemos que asegurar que los escalones estén en buen estado y nos permitan subir.

Podría ser que quiero ir al nivel superior y no encuentro las escaleras; en este caso, ¿dónde está el ascensor?

Los escalones los usamos para subir, son el camino para el verdadero aprendizaje.

Preguntas sobre ABUNDANCIA

Entiendo que es lógico, que consideres que el Dinero es parte de la Abundancia, podría no ser así, respóndete las siguientes preguntas:

¿Qué viene a tu mente cuando te nombro abundancia?

_____

_____

Hoy, ¿qué aspecto de tu vida es abundante?

_____

_____

Piensa como sería tu vida abundante.
Imagínala, disfrútala, anota lo que llega a ti.

_____

_____

¿Para qué o por qué estas comenzando a leer este libro? ¿Está asociado al concepto de abundancia?

_____

_____

Índice

SANTIAGO NETRI

Introducción

Pregunta de Valor

Hace algunos años me hice honestamente la siguiente pregunta, *¿Qué significa el dinero en mi vida?*

A partir de allí comenzó un camino, que cerca de estar asociado al dinero en términos fácticos, resultó todo un trabajo de revisión **psico-emocional, y perceptual** de cómo había transitado e impactado el dinero en mi historia de vida.

Lo primero que pude revisar es que el dinero como concepto general, inmerso y parte de las civilizaciones, es en sí mismo un "arquetipo" del inconsciente colectivo.

O sea, algo que todos interpretamos y sabemos qué es y para qué sirve, que tiene características y funciones específicas.

Ahora bien, mi primer descubrimiento importante fue entender con más profundidad que, si bien todos entendemos qué es el dinero arquetípicamente, *le damos un significado individual y único en cada uno de nosotros.*

El título y pregunta que encabeza este libro es individual para cada persona y es uno quién encuentra el propio significado.

¿Cómo comienza el viaje del dinero?

El dinero tiene una historia individual en cómo ha transitado en los distintos países; no es lo mismo el concepto perceptual que se le da en Argentina o en otras latitudes; el dinero es el mismo, pero es percibido de maneras diferentes. Es importante entender que cuando nacemos en un país en particular, estamos influenciados por la cultura del lugar de pertenencia.

El dinero como arquetipo colectivo y cultural comienza también a transitar, más cercano a nosotros, en la familia en la que nacemos, en donde circula con particularidades; quizás en algunos casos con abundancia, con escasez, con negligencia, con planificación, en fin…, con códigos y creencias muy únicos de cada "clan", del cual uno absorbe casi por ósmosis su concepción.

Entonces: es un arquetipo universal, que va teniendo significaciones específicas asociadas a la cultura de un país y al ecosistema familiar que cada persona habita; ahora bien:

¿Cómo llegamos a la significación propia?

Nosotros interiorizamos los conceptos de la vida cuando comenzamos a tener experiencias propias y reales.

De cómo se transiten esas experiencias, con qué emocionalidad, con qué resultados (buenos o malos), con qué interacciones y vitalidad, nuestro sistema perceptivo y cognitivo va grabando (introyectando) un significado, un valor a esas experiencias y a los conceptos que la integran.

Por ejemplo: si en la historia de vida de una persona se perdieron bienes en el hogar de familia cuando se transitaba la adolescencia, dicha vivencia tiene un impacto, una influencia psico-emocional relevante, y una significación específica asociada a la experiencia vivida; por lo tanto, el dinero, que es **"el medio por el cual uno adquiere bienes"**, queda decididamente afectado en su significación.

En los seminarios que realizo, no solo revisamos qué significa hoy, a priori para cada persona, sino también promovemos un trabajo de resimbolización de las vivencias particulares que condicionaron esa representación en cada caso, para poder **darle al "dinero" su verdadero sentido,** *ser un bien de cambio para adquirir lo que necesito y quiero.*

Esto permite elaborar no solo el nudo emocional condicionante, sino también las creencias limitantes y habilitantes, tanto de algún evento en particular y/o también las que carga cada árbol familiar en su ascendencia.

Por lo tanto, **siempre tenemos una significación del dinero**. Lo bueno de tenerla es que podemos revisarla y ver si es coherente con lo que en este momento queremos y anhelamos en la vida. Lo interesante de una significación, cualquiera sea, es que podemos resimbolizarla; producto de un aprendizaje logramos asimilar nuevas maneras de percibir algo en la vida, y esto es lo que decididamente nos hace creadores y seres evolutivos.

He acompañado y vivenciado transformaciones asombrosas en este sentido.

Una vez que se realiza una resignificación efectiva (psico-emocional y perceptual) de algún concepto, rápidamente intentamos proyectarla en la vida cambiando nuestra realidad circundante, pero este trabajo no es solo perceptual, es muy importante luego de resignificar, aprender conocimientos nuevos para estructurar el nuevo presente y construir nuestro futuro; no entrar en línea de aprendizaje puede ser riesgoso, se suele caer fácilmente en el "pensamiento mágico", que siempre conlleva muchas frustraciones.

Siempre estamos proyectando en la realidad nuestras significaciones internas, construimos por así decirlo realidades según nuestro marco de significación.

Por eso destaco con énfasis, revisar como primer paso, si lo que hoy tenemos significado con relación al dinero es coherente y congruente con lo que anhelamos; de no ser así, les propongo aventurarse a la pregunta que encabeza estos párrafos:

¿Qué significado tiene el dinero en tu vida?

¿Cómo está organizado este libro?

Compartiré con ustedes lo que vengo realizando sobre esta temática, quiero comentarles las 4 partes principales que servirán de hilo conductor para ayudar, acompasar, y acompañar la lectura y comprensión del propósito creado.

1era parte: **Revisa**

El primer bloque de capítulos encauza la temática y se aboca en empezar a entender desde qué lugar significamos el dinero en nuestra vida y cómo es que esto ocurre objetivamente. Considero estos capítulos de gran importancia, ya que sin este registro consciente es muy difícil realizar cambios duraderos en esta temática y en cualquier otra. Aunque el foco sea el $$, la información brindada servirá para detectar y elaborar otros aspectos.

Entender cómo percibimos, cómo significamos, cómo confeccionamos nuestras creencias limitantes y habilitantes, cómo afecta la dimensión emocional en nuestra realidad y cómo empezamos a diseñar lo nuevo, los nuevos hábitos que realmente son los que nos permitirán cambios.

He leído muchos libros asociados a la temática del dinero, y son realmente muy pocos los que profundizan en cómo llevar, los buenos conocimientos que expresan, a implementarlos de manera concreta y práctica, permitiendo cambios sustentables. Es por ello, que dedicaremos tiempo al comienzo de este libro a entender y experimentar desde dónde percibimos, interpretamos y cambiamos nuestra vida.

2da parte: **Acciona**

Haremos foco en la acción y en la construcción del cambio. Aquí romperemos paradigmas. Ejemplo: "¿la introspección en las causas resuelve las cosas?". Prestigiando el gran poder del ser humano, mostraremos algunas posibilidades de como generar lo nuevo. La excesiva introspección limita la acción, así también lo contrario, es necesario un balance, priorizando el HACER. La resolución de un desafío no se resuelve solo con teorías y pensamientos, se resuelve cuando nuestro ser acciona.

Cómo una intención de cambio puede ser parte de una nueva conducta, de un nuevo hábito, de una nueva manera de vivir. El dinero será un personaje importante de esta película; los actores principales somos nosotros.

3era parte: **Aprende**

Presentaré conocimientos específicos sobre el tema. Incorporaremos "maneras de mirar" las distintas fases del flujo de dinero, encauzaremos la revisión de conceptos de corte financiero, que no siempre se utilizan con claridad; comentaré experiencias y casos concretos para ejemplificar lo expuesto. Navegaremos en aprender desde la lógica, conocimientos para aplicarlos de manera práctica e incorporar desplazamientos en nuestro aprendizaje.

Estas "maneras de mirar" nos darán perspectiva y objetividad, aun dentro de la subjetividad cotidiana de nuestra labor.

4ta parte: **Practica y desarrolla hábitos**

La importancia de ser metódicos y de profundizar en nuestras acciones para lograr lo que buscamos. El orden y la administración del tiempo son factores críticos al momento que queremos desarrollar un hábito. Hay que seguir un método, ser consecuente y constante.

Presentaré algunas máximas (tópicos de la investigación) para que puedan ser correctamente aplicadas. Sobre el final se presentará un capítulo integrador pudiendo abordar de manera 360 (integral) el recorrido transitado.

PARTE 1

¡Revisa!

Motivación para cambiar

$

Comenzando

En mis primeros años, e incluso ya transitada mi juventud, creía que no me interesaba el dinero. Observaba mucho estrés en personas que lo poseían, pero que al mismo tiempo disfrutaban de realidades que daban sensaciones de libertad y holgura. Aparecían contradicciones en mí. Esas vidas de "libertad" las sentía ajenas, lejanas a mis posibilidades, me refugiaba, me decía *"a mí el dinero no me interesa"*, y la máxima de *"lo importante es lo de adentro"*. **Es importante todo, lo de adentro y lo de afuera, es nuestra vida.** Hoy escribiendo estos párrafos me doy cuenta de que la temática del dinero me atravesó, generando impactos de dolor y vulnerabilidad, que aún hoy me movilizan. **Decir que el dinero es de poca importancia, hoy lo consideraría una insensatez.**

Quizás fue por ello, ahora que lo reflexiono, que me aboqué en temprana edad a educarme en distintas artes, en donde recreé durante muchos años una dimensión creativa, que hoy todavía conservo y valoro como central y trascendente, pero en donde el dinero no era un actor principal.

Comencé luego a tener distintas experiencias relacionadas a este concepto ($) en mi red familiar, y pude vivenciar disfunción y desconcierto en ciertas circunstancias ocurridas, tanto en términos económicos como emocionales. Entendí que el dinero no podía quedar afuera, que su presencia daba tranquilidad o desesperación en distintas personas de mi entorno.

Mis inquietudes internas me fueron llevando vocacionalmente a mi rol de consultor psicológico, en donde observé la implicancia que tiene la vida económica en los distintos consultantes que recibo; detectando la falta de claridad que tenemos al respecto, y las consecuencias que genera no manejar con profundidad esta temática. En la actualidad, en mi actividad como consultor de organizaciones, confirmo con creces esta premisa.

Finalmente, me dispuse con determinación a investigar en mi propia historia de vida mi relación con este tema, abordando mis contradicciones iniciales. Definitivamente arribé a la importancia y relevancia que tiene el dinero, y cómo está íntimamente relacionado con nuestro equilibrio en la vida, con nuestros momentos de alegría y tristeza, cómo atraviesa todas las actividades, personales y laborales; el pasado, el presente y el futuro se entremezclan en nudos que del otro lado de la balanza requieren dinero.

Mi motivación, parte entonces, en compartir una multiplicidad de aspectos que fui descubriendo y profundizando, que es producto, de lo que inicialmente **vivencié** y **observé** en mi entorno, de lo que **aprendo acompañando** a consultantes y clientes, lo que **descubro profundizando** en mi vida y de lo que sigo **asimilando** cuando intento **brindar, explicar y capacitar** a otros.

Leo en un libro de Robin Sharma, que una emprendedora había mentido diciendo que había ido a un seminario para aprender, me detengo en esa lectura, continúo, y leo que la verdadera razón por la que estaba allí era que necesitaba recuperar la esperanza, y salvar su vida. Sí, de esto se trata, es el significado que le damos a nuestras experiencias y a nuestros anhelos lo que determinará cómo esa esperanza crecerá hasta convertirse en un hábito de sanas raíces y acciones.

Lo que anhelo, es que quien pueda comprender y conectar con algunos conceptos y experiencias que están en este libro, logre crear una significación propia, y pueda a partir de allí, darle una importancia más integral y concreta al "real valor" que encierra este arquetipo ($) tan importante en nuestro diario vivir.

Comienza evitando las frases que indican que no te interesa algo, y mucho más si eso es algo cotidiano con lo cual convives. Las palabras sostienen la fuerza de la energía interior, y cuando las usamos en forma negativa nos desfocalizamos de lo que sí realmente nos interesa.

Expresemos lo que sí nos interesa.

Si somos deportistas, ¿acaso tiene sentido decir que no nos interesa la nutrición? La alimentación está relacionada al rendimiento deportivo, como el dinero lo está a nuestra vida diaria.

Cómo percibís el Dinero

$

Psicología del Dinero

Como bien aclaramos en la introducción de este libro, somos personas que significamos la vida en base a las experiencias que vamos transitando y experimentando; éstas, al impactar en nuestro sistema cognitivo-perceptual, van generando "signos" particulares, dándole significación de contenido único en cada uno de nosotros.

A continuación, explicaremos de manera simple y práctica, el cómo llegamos a significar:

Toda idea (por ejemplo "la idea de automóvil"), es un arquetipo del inconsciente colectivo, o sea algo que todos identificamos, conociendo sus funciones y características; lo mismo ocurre con "la idea de dinero", o con los signos ($) que lo representan.

Esa idea que ya está en calidad de arquetipo, se ve teñida por el ambiente cultural donde circula (país de residencia), como bien aclaramos en la introducción, no es lo mismo la significación del dinero en

Argentina que en otros países. Este aspecto también colabora en que nuestro sistema cognitivo-perceptual empiece a recibir información con matices particulares.

Desde nuestro enfoque, el mayor punto de implicancia es cuando el concepto de dinero ingresa en la órbita de nuestra familia de origen; ya que allí no solamente se vivencia de una manera particular, sino que todo lo vivido en nuestra red familiar tiene un fuerte componente afectivo. Lo cual hace que las experiencias transitadas en este punto tengan un impacto relevante para nuestro sistema perceptivo.

Es por esta razón que asociamos la significación a *"la psicología de dinero"*, dándole un marco importante para poder revisar en nuestra historia de vida, y profundizar cómo las distintas experiencias que transitamos desde niños, durante la adolescencia, en la juventud y adultez, e incluso las que ha vivido nuestra ascendencia en la rama familiar, impactan y cargan de información, que va siendo simbolizada por nuestro sistema perceptual.

Según entonces como se hayan transitado ciertas experiencias dejan en nuestra psiquis un significado.

Por ejemplo: Si a una familia le cuesta, como se dice en Argentina, "llegar a fin de mes", o sea lograr abastecer los costos fijos básicos; es muy probable que la significación del dinero tenga percepciones de escasez, de sacrifico, de desmedido esfuerzo, de "nunca alcanza", etc. Es importante aquí observar que no hay agradecimiento por lo que tenemos, sino que es la escasez de llegar a un "fin de mes" el factor predominante en este pensamiento.

O por el contrario, una familia muy adinerada, en donde se sabe que la procedencia del dinero no es del todo lícita; seguramente el marco de significación haga pensar en algunos integrantes, que el dinero "tiene algo de sucio", "que el que tiene $ hace trampa", etc.

Falta perspectiva: con el presupuesto que tiene una familia que "apenas" llega, otras pueden vivir cómodamente, u otras ni siquiera unos instantes. La significación tiene implícita una perspectiva. Hay significaciones positivas que pueden presentarse, en donde funciona favorablemente el concepto del **dinero con las posibilidades reales que brinda.**

En los talleres de formación que realizo suelo preguntar a qué palabras asocian el concepto del dinero; y como cada persona significa de manera distinta; las respuestas son muy variadas:

Reflexionemos que detrás de cada palabra significada hay historias que la determinan y hay un sistema perceptivo simbolizando.

Una vez que encontramos el **significado**, gestamos con ese concepto ($) una **relación interna**, casi como si tuviéramos un amigo, con el cual nos relacionamos, interactuamos y tenemos diálogos concretos. Es por ello por lo que en uno de los capítulos de este libro invito metafóricamente al lector a que se "tome un café con el dinero", y le pregunte: ¿quién es?

Si tengo significaciones de carencia con respecto al $, siempre voy a "dialogarme" que las cosas son caras, que nunca voy a ganar más de lo que necesito; peor aún, me alejará de la gratitud, hacia uno y hacia los demás.

Esa relación interna generada, luego pasará a una instancia de **proyección**.

Esta última, es un proceso, por el cual la percepción del ser humano tiene la propiedad de crear, de proyectar afuera lo que percibe adentro, lo que tiene significado (como un proyector de imágenes). Por lo tanto, si tengo significada abundancia con relación al dinero, voy a proyectar en mi entorno realidades en donde la abundancia esté presente.

La frase "que cada uno crea su realidad" es totalmente cierta y lógica. Creamos nuestra realidad a partir de nuestras significaciones (en próximos capítulos lo desarrollaremos).

Proceso:

Así como ocurre con el dinero, pasa con otros conceptos que vamos experimentando. El primer paso es darnos cuenta de que todo lo que tenemos conceptualizado, de alguna manera está significado; y las significaciones pueden aceptarse, modificarse, renovarse y actualizarse, pero nunca negarse. "La aceptación de nuestra realidad es el principio del cambio".

Ejercicio

Invito a continuación a realizar un ejercicio que será de gran importancia para identificar experiencias de nuestra historia de vida que están relacionadas con la historia del dinero.

Te propongo realizar una línea de tiempo cronológica desde que naciste hasta la actualidad, en donde puedas ir detectando y enumerando experiencias relevantes (tanto positivas como negativas) que puedas y sientas que están conectadas con el dinero.

Ejemplos:

    a. Me cambiaron de colegio porque mis padres no podían pagarlo.

b. A mi padre le dieron un ascenso en su trabajo, y pudimos viajar a Europa.

Aconsejo dividir simbólicamente la línea de tiempo en cuatro etapas vitales (niñez, adolescencia, juventud y adultez), eso te ordenará y también te puede dar un marco más específico, ya que en esos estadios vivenciamos aspectos distintivos de la vida.

Cuando detectes un hito o experiencia importante, escribí el nombre de la experiencia (ej.: cambio de colegio) y la edad que se tenía en dicho momento.

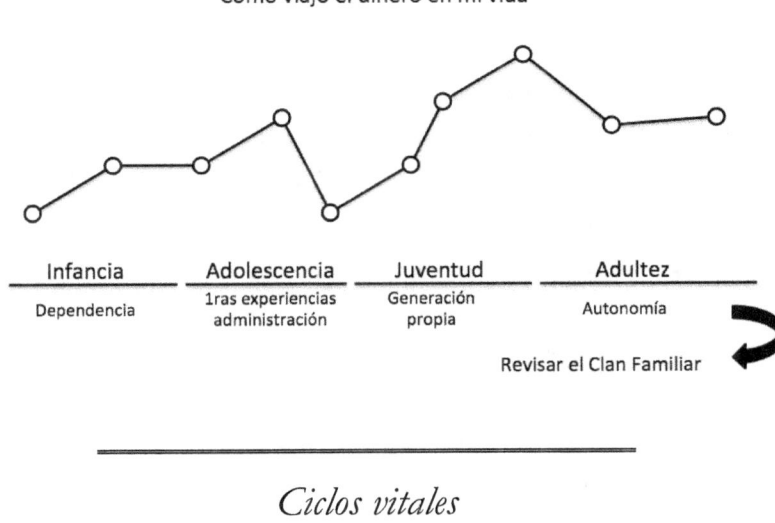

Cómo viajó el dinero en mi vida

Ciclos vitales

Hemos encontrado algunas distinciones importantes a destacar, relacionadas a las cuatro etapas vitales del ser humano y su conexión con el dinero.

La niñez es un momento en donde recibimos del entorno, somos dependientes de los demás en todo sentido, podríamos decir que en esta etapa se aprende, en términos positivos, a depender de los demás, necesitamos nutrirnos. Somos dependientes.

La adolescencia es un período en donde tanto social, biológica y perceptualmente, buscamos nuestra identidad. Necesitamos saber quiénes somos, y hacemos todo tipo de experimentos, en muchos casos arriesgados, para lograrlo. El adolescente necesita saber "quién es". Muchas veces finge "ser adulto" para conseguirlo, utilizando la rebeldía o la obediencia como banderas claras. La búsqueda de la identidad rige este período. Comienza la independencia.

La juventud es un tiempo de apropiación de los recursos propios. En esta fase se alza como bandera el "yo puedo". Necesitamos demostrarnos que podemos, ponemos a prueba nuestros recursos y conocimientos. Aquí los individuos suelen tener actividad laboral, constituyen una familia, adquieren bienes, se reciben de sus carreras universitarias o consolidan oficio y actividad. Somos independientes.

La adultez si bien es un período también de fase vital, me gusta presentarlo como un concepto subjetivo, al que no todos llegamos en términos madurativos/perceptuales. El adulto es quien es dueño de su propia responsabilidad, decide, arriesga, experimenta desde un nivel de autonomía; sabiendo siempre que todo acto tiene sus consecuencias, pero él es dueño de sus respuestas. A esta fase la rige la Autonomía. Aprendemos a ser interdependientes, a valorar el "nosotros", en vez del "tú" o "yo".

Te preguntarás: ¿Qué tiene que ver todo esto con el dinero?

La respuesta es que tiene una fuerte conexión e implicancia. A pesar de que ya seamos adultos en términos biológicos y sociales, si entendemos estas cuatro etapas como ciclos madurativos (emocional-actitudinal), podríamos decir: que tenemos aspectos dependientes (niñez), que ejecutamos obediencia o rebeldía para encontrar nuestra identidad (adolescente), que tenemos recursos internos para demostrarnos que "podemos" (juventud) y que poseemos una parte responsable que se hace cargo de sí mismo (adulto).

Esto mismo, y desde estos lugares podemos accionar en base al dinero. Hay personas que viven dependientes de otros en términos de $$ (niñez). Algunos administran deficientemente, o sin responsabilidad el dinero, y en pos de la identidad, no miden ningún tipo de consecuencia (adolescencia). Otras personas que realmente tienen recursos adquiridos y empiezan a generar dinero por sus propios medios (juventud), y por último, los que pueden dirigir con más responsabilidad el dinero, con sensatez, pudiendo planificar, medir y valorar los esfuerzos (adulto).

$ Niñez	$ Adolescencia	$ Juventud	$ Adultez
Dependencia	Administraciones	Recursos propios	Autonomía

Atraviesan estas etapas también la carencia y la abundancia, pues estas germinan en la gratitud y en la interdependencia. En la dependencia o independencia uno no cuenta con una visión del todo que nos rodea, la interconexión con quienes me rodean privilegia el desarrollo.

Atender como respondemos ante el dinero es realmente interesante: ¿En dónde estamos hoy en día? ¿Respondemos con dependencia? ¿Estamos construyendo nuestros recursos? ¿Somos realmente autónomos y responsables?

Nota: Responsabilidad = Habilidad para dar respuestas

En calidad de revisión, realizar la línea de tiempo de la trayectoria del dinero en tu vida, conectándolo con estos aspectos puede ofrecer información importante para detectar consecuentemente muchos elementos que te permitan ver cómo estás significando el dinero en tu vida.

Conocer tus creencias (danger)

$

Podemos entrar desde varios puntos a analizar el tema de las creencias.

En sí misma, la palabra creencias en una de sus acepciones significa "dar crédito", confiar en algo o en alguien. Lo curioso de esto, es que a muchas creencias que hemos incorporado, tanto culturales, académicas o religiosas, les damos un crédito y un valor súper importante, sin detenernos a meditar y profundizar en sus contenidos y fundamentos.

Lo que observé en mí y en los demás, es que una vez que está instaurada una creencia, fuese cual fuese, funciona como **criterio de verdad para la persona**; y lo más relevante, como ya mencionamos, no son profundizadas por quien las posee, pareciera como que dan criterio de identidad y se defienden a capa y espada. He visto a muchos, equivocarse objetivamente, con altos costos materiales y psicológicos por defender creencias infundadas.

Allí es donde las creencias sin fundamento se convierten en un dogma rígido, que puede cuestionarse pero que no se profundiza, y es ahí donde se vuelve peligroso (danger).

Imagínense una creencia en relación con el dinero que fuera "nunca podemos ahorrar", (creencias limitantes). Si esta, que es producto como ya sabemos de experiencias vividas (significación), se toma como verdad incuestionable, estaríamos ante un problema complejo, y consecuentemente quien defiende esta creencia nunca ahorraría dinero, por simple lógica.

Lo maravilloso de esto, es que observo por contraste, lo poderoso que es el ser humano cuando se pone firme con una idea, sea esta una creencia o un saber fundado.
El impacto de convergencia que tiene en nuestra realidad lo que defendemos como verdad, muestra el infinito poder que tenemos para crear lo que queremos.

Hay creencias limitantes, que concretamente nos impiden lograr lo que anhelamos, y hay también creencias habilitantes, que le dan curso en forma funcional a lo que estamos buscando.

Definamos para nuestro libro esto de la palabra limitante: ¿Acaso vemos el límite? ¿Está escrito en alguna parte? ¿Por qué imponemos límites a temas que no tienen límites? Hay un límite humano físico para correr 100 metros, pero los atletas lo desafían. Es justamente cuando desafiamos los límites lo que nos permite avanzar. A mucha gente con dinero le gusta decir que la primera clase de los aviones comienza cuando termina la zona de confort. El confort es la clase turista, ir más allá es primera clase. Es así, el límite nos cobija, nos da una seguridad, un cerco para movernos sin dificultad. Continuamente observo gente hablar de las creencias limitantes, y justamente usar esa palabra hace que aparezcan los límites.

No hay creencias limitantes, son solo creencias, seguramente nacidas en al abrigo de nuestros afectos para cuidarnos de la incertidumbre que hay más allá del límite.

Es importante detectar ambos tipos de creencias. Las que nos limitan para resimbolizarlas y las que nos habilitan para conocerlas y usarlas como fortalezas. Las primeras están basadas en nuestros miedos, y las segundas en nuestras capacidades. Y en el medio de esa balanza estamos nosotros y nuestras decisiones.

Lo fundamental en este tema es que podamos ser conscientes de lo que decidimos. Que los pensamientos que rigen nuestro camino sean elegidos producto de un análisis profundo y sensato, que genere siempre el bienestar que buscamos.

Convertir la creencia en saber. El proceso de apropiación de una idea por medio de la investigación propia genera un saber con contenido. **Y si un saber se defiende a capa y espada, lograremos todo lo que nos propongamos.** Comparto a continuación algunas de las creencias limitantes con relación al $ que detectamos en los distintos seminarios:

Familias en donde temas de dinero **generó problemas vinculares**	Familias en donde **nunca alcanza el dinero**	Familias en donde ocurrieron **pérdidas relevantes en cuanto al dinero**	Familias en donde **nunca falta dinero**
Familias en donde se **compensaban** aspectos emocionales con **dinero**	Familias en donde se malgasta el dinero	Familias en donde el dinero es un tema del que no se habla	Familias en donde al que le va bien tiene que mantener a los demás (culpa)

Lo importante en esto es detectar los mecanismos de pensamientos (juicios) que tenemos, como veremos más adelante, estos bloques de pensamientos generan redes neuronales, que envían señales a nuestras glándulas, generando un sinfín de hormonas que terminan en conductas. Los hábitos que tenemos con relación al dinero vienen de esas redes neuronales (significación). El hecho de detectar y observar conscientemente nuestros hábitos, conductas y creencias con relación al dinero nos debe servir para decir: ¡Ahh, así funciono! Reconocernos en acción con nuestros hábitos mal grabados nos permitirá a futuro liberarnos de "lo que **creemos** ser".

Encontrar el dinosaurio no te cambia

$

Buscando entender

La capacidad que tiene el ser humano de ser introspectivo, de pensarse como individuo y de observarse "hacia adentro", es realmente asombrosa, un mecanismo que lo damos por hecho, pero que si nos detenemos a revisar que ocurre con exactitud, es realmente grandioso lo que se presenta como posibilidad.

Esta capacidad de encontrar causas, que generan efectos, le da a nuestra facultad lógica un amplio margen de desarrollo y un potencial único, que venimos observando y comprobando en el progreso de las civilizaciones y sus adelantos científicos.

Este tipo de paradigma científico, "de encontrar las causas de la creación y de nuestros comportamientos" viene impactando fuertemente en la humanidad desde hace milenios.

Lo cierto es, que cuando el ser humano "entiende" lo que sucede, mediante patrones de observación que ha creado o decodificado para entender la realidad, se siente más seguro, más confiado de sí mismo por descubrir el posible origen de lo que estudia, pudiéndolo explicar y compartirlo con otros.

Así sucede también con las ciencias más *soft* (blandas), las que incluyen las revisiones psicológicas y perceptuales de lo que vamos viviendo y experimentando. Las distintas corrientes psicológicas y de introspección han hecho un culto de la "revisión de causas que nos condicionan".

Mi mirada

Considero que ir en busca de las causas es un paso importantísimo, pero no basta solo con ello.

Encontrar las causas nos permite reconocer que los efectos que vivimos tienen un origen, y que si estoy viviendo algo en mi presente que no genera bienestar, es producto de una causa que puede solucionarse.

Por ejemplo: si tengo la realidad de que "gano poco dinero" (creencia), seguramente si encuentro la causa podría resimbolizarla, y resolviendo la causa, cambiaría mi realidad.

Desde mi observación, esa mirada es un tanto escueta y lineal, ya que el cambio concreto tiene varias aristas.

No basta con encontrar al dinosaurio (las causas). Comenzar un camino de introspección, un hoyo interminable hasta encontrar los huesos del mismo, no te asegura que el cambio ocurra.

Acompañando procesos de transformación, sí debo decir, que la introspección es una *actitud muy importante*, que si está apuntalada con determinación, marca un punto de anclaje que permite un campo de *apropiación en la persona*. O sea, el individuo al profundizar "se hace cargo", primero de lo que quiere resolver, y luego de comenzar un camino consciente en entender, cómo y en qué experiencias, se fueron configurando e introyectando las creencias que condicionan y crean su realidad.

Encontrar "el dinosaurio, (causas)" marca una actitud positiva e importante para ir en busca de lo que se quiere, **pero de ninguna manera determina el punto de llegada, ni el logro de lo que se está buscando.** O sea, encontrar al dinosaurio, solo es un primer paso que nos prueba si realmente somos dignos merecedores de todo los que nos queda por aprender.

¿Es un paso indispensable efectuar la introspección? Profundizaremos un poco más. Es importante en la medida que tengamos "mecanismos" que nos generan una y otra vez acciones que no deseamos que ocurran. Al mismo tiempo quiero reforzar que si nos ocupamos de desarrollar mecanismos que sostienen resultados deseados, los mismos destruirán por completo los malos hábitos. **Dicho en pocas palabras, en muchas circunstancias, generar un nuevo hábito y "mecanismo" simplemente deja obsoleto el pasado, sin necesidad de estudiarlo y volver a él.**

Muchas veces me he quedado "regodeándome" en las causas sin poder cambiar concretamente mi realidad.

Sabía de memoria los porqué y para qué de lo que padecía, pero mi realidad seguía igual que antes, y/o en algunos casos aún más complicada.

Sugerencia

Una vez identificada la causa de algunos de nuestros mecanismos, festejemos, pero no nos estanquemos allí mucho tiempo; entendamos el porqué y para qué de algunas de nuestras trampas, y salgamos de girar en falso, pensando que en esa causa está la solución.

Necesitamos empezar a construir lo nuevo, abrir el cauce a capacitarnos con lo que verdaderamente necesitamos incorporar para cambiar.

Si nunca recibí educación financiera, y fui tomado por alguna creencia limitante, producto de mi trayectoria de vida; **resolver mi creencia limitante no me capacita en dinero**, solo desconfigura la creencia, y me pone en condiciones para empezar a capacitarme en conocimientos financieros, que hasta el momento no había tenido como posibilidad.

Muchas veces la ignorancia se mete en los lugares en donde justamente los conocimientos no han ingresado.

Profundizar en algo, es aprender lo nuevo, no es buscar y entender sobre lo mal aprendido.

Los mandatos te condicionan ¿Ya los descubriste?

$

Hazte cargo

La responsabilidad implica la habilidad para dar respuestas. Dependiendo del tipo de respuestas que doy ante las distintas circunstancias, podríamos observar si realmente "me estoy haciendo cargo" de mis aprendizajes.

Si bien los primeros capítulos dan importancia al hecho de cómo hemos significado el dinero, producto de distintas vivencias que hemos atravesado, a esta altura del "juego" necesitamos dejar de refugiarnos en nuestros condicionamientos y afrontar los verdaderos temores, los que nos exponen ante lo nuevo, y dejar los fantasmas del pasado para las películas, pero no para nuestra vida real; solo vamos a cambiar si empezamos a transitar nuestros propios desafíos.

Dejar atrás los mandatos culturales y familiares es un signo de valentía, responsabilidad y apropiación importante si queremos generar cambios contundentes. La independencia es el camino que debemos transitar antes de ir a la interdependencia.

Mas que condiciones, lo que necesitamos firmar, son acuerdos con nosotros mismos, con el futuro que queremos diseñar, para aventurarnos a lo incómodo, al riesgo de lo nuevo, al desafío de sorprendernos en otra realidad más próspera.

Contrastes

Lo primero que tenemos que tomar son las riendas de nuestra vida. No hay otra solución, y dejar de echarle la culpa al entorno, pero entenderlo. Esta situación observo que todos la transitamos a diario.

Contrastes: Dos personas diferentes pero unidas por un pasado, con las mismas situaciones de frustración y dolor (pasado duro).

- Una de ellas no cambia, justificando toda su trayectoria vital en base a la historia que vivió.

- La otra, decide que su futuro será distinto y se aventura a nuevas maneras de vivir.

La importancia de algunas decisiones nos proyecta al cambio.

Piensa y recuerda ¿qué decisiones de valor han favorecido tu vida? Seguramente no sean muchas, pero podemos apreciar cómo una buena decisión abre un mundo de oportunidades.

Carencia y Abundancia

$

Buscando crecer

Siempre me gusta ver como los árbitros de fútbol, lanzan al aire una moneda para determinar decisiones al comienzo del juego. Ese giro constante en donde se van mostrando las dos caras de una moneda (cara y seca).

¿Ocurrirá lo mismo con la carencia y la abundancia? ¿Serán dos caras de una misma moneda? ¿Es una representación del yin y el yang del dinero?

Pensar que son dos caras de la misma moneda, o pensar en el yin y el yang establezco que le darían la misma "cantidad" de espacio a la carencia y a la abundancia, y no es así. La gratitud, ser una persona que piensa en los demás y ayuda al bien común con una mirada de interdependencia (nosotros) hace que la carencia se desvanezca y la abundancia se incremente. Es así de fácil, y así de sencillo.

Vivir nuestra vida desde la carencia es una forma que tenemos a mano siempre, es trabajar desde el "yo" o el "tú", desde la dependencia o la independencia, pero sin pensar en "nosotros".

Un dueño de un restaurante que solo piensa en él y sus problemas, y no se relaciona con sus empleados, comensales y con su servicio (la comida, el propósito que une a todos allí) no logra el oxígeno necesario para respirar bien.

A veces explico la abundancia compartiendo, que el ser humano puede respirar y mantenerse vivo con un porcentaje mínimo de oxígeno; pero si esa misma persona, hiciera una caminata a orillas del mar, sentiría una oxigenación tan intensa, que no solo cambiaría su capacidad pulmonar renovando sus células, sino que también tendría una vivencia de expansión y de registro de estar más holgado, más abundante; sin duda modificaría su bienestar, dándole la posibilidad de pensar que hay distintas maneras de respirar.

Dos frases para reflexionar:

"Si conociera el mar el pez de la pecera, el vidrio aunque muriendo rompería". Rafael Amor

"Pájaro que no conoce más que los barrotes, dentro de su jaula cree que vuela". Rafael Amor

Sin dudas cuando conocemos nuevas realidades que nos expanden, tendemos a repetir el bien que nos generan.

Toda experiencia de expansión en nuestra vida es un registro de abundancia. Cada apertura hacia lo nuevo rompe los marcos conocidos, quiebra patrones, abriendo nuevas posibilidades.

Sentirse abundante es una experiencia para cada persona; siempre nos pone ante experiencias nuevas de aprendizaje, de disfrute y de bienestar.

Registrar estos indicadores es una buena forma de comenzar a reconocer algunos desplazamientos hacia estados de mayor merecimiento.

Abundancia y *equilibrio*

Si bien la abundancia y la carencia son opuestos, son antónimos; desde mi mirada, son en realidad dos puntos, dos estaciones que delimitan un segmento, que abren la oportunidad a una brecha de aprendizaje.

Lo que hace a una persona más abundante es la presencia de conocimientos, quien no los tiene será más carente en esa temática y limitará sus posibilidades. No hablo solo de conocimientos técnicos o académicos, hablo de conocimientos que integren todas las áreas del ser humano. El que tiene conocimientos sabe, logra realizar lo que anhela, llega a sus objetivos "haciendo".

En cuanto al dinero, como no recibimos educación financiera, gran porcentaje de la población mundial vive al margen de algunos conocimientos que le permitirían crear posibilidades para generar, ahorrar, invertir y administrar abundancia.

Igualmente aprender de libros y seminarios, si fuese una forma de incorporar conocimientos, puede ser una trampa, si es que no se implementan en la práctica los aprendizajes asimilados. Muchos emprendedores exitosos se han consolidado practicando en la realidad a prueba y error lo que anhelaban realizar y aprender, sin necesidad de estudiar grandes libracos y visitar gurúes de la temática.

No hay recetas rígidas, pero si se logra la integración de educación financiera y la práctica necesaria para "hacer", generalmente se produce un combo muy asertivo en nuestros horizontes.

Igualmente y para dejar una imagen más profunda planteada; la abundancia no tiene que ver estrictamente con el dinero, aunque este es un indicador importante y necesario. La abundancia está directamente relacionada con **el equilibrio** que uno genera entre las expectativas que tiene y la realidad. (lo profundizaremos en la parte 4).

De este equilibrio, que incluye muchas decisiones, surge la calidad de vida, la sensación de felicidad, que gravita en cuatro pilares importantes:

La vida física (biológica), vida anímica (mental-emocional), vida espiritual (trascendencia), y vida financiera.

Como dice un colega amigo, la vida es como una silla de cuatro patas, si no están equilibradas entre sí, tambalea, y uno se puede caer. En realidad, cualquiera de ellas que no esté en equilibrio con las otras 3 produce un desajuste y un tambaleo, a veces mínimo, y a veces más contundente. Podemos pensar en una silla donde nos sentamos, pero también podemos pensar en los 4 pivotes de una casa, de una mesa, de nuestra vida, de los 4 puntos de apoyo de un automóvil... ¿Podremos frenar a tiempo si una rueda se desinfla? ¿Sirve de algo ir a una velocidad de locos, o la prudencia es símbolo de inteligencia en una ruta? **El equilibrio es clave, y el equilibrio con nuestras expectativas es la llave.**

¿Y cómo nos damos cuenta de cuáles son las expectativas correctas? Pues bien, les propongo que siempre tengan las expectativas un poquito por encima de la realidad, solo un poco, para empujarnos siempre para arriba, para no tentarnos de quedarnos quietos.

De este equilibrio dependerá dicha conquista; y para lograr este estado necesitamos tener los ingredientes necesarios (las cuatro patas de la silla). Como estamos profundizando en resignificar el dinero, daremos un particular foco en esa dirección, ya que es un aspecto en donde se pone muy poco interés en calidad de aprendizaje; pero recordemos siempre mirar desde arriba, desde una visión de águila todos los elementos. Nunca descuidemos cierta distancia, **"la perspectiva"** de los elementos importantes en la vida (la silla). De ello dependerá que seamos realmente abundantes.

He visto muchos empresarios exitosos con vidas carentes, pero también estoy rodeado de gente que tiene mucho dinero y que sus vidas son abundantes, rica en todos sus sentidos; suelen estos últimos, ser fuente de inspiración a los que quieren crecer. Esta es la propuesta y la invitación que estamos reflexionando juntos.

Les propongo tomar "visión de águila", y mirar en perspectiva nuestra silla (vida), en donde se sienta la abundancia.

Trata de ser honesto en cómo mides los porcentajes del siguiente cuadro, pudiendo tomar consciencia de tu equilibrio en la vida actualmente:

Prioridad	Vida Física (Salud biológica)	Vida Anímica (Salud mental y emocional)	Vida Espiritual (Sentido trascendente)	Vida Financiera
100%				
75%				
50%				
25%				

Marca con una X para administrar los porcentajes.

Este simple ejercicio nos permitirá entender en dónde colocamos nuestra energía, hacia dónde dirigimos nuestra voluntad y qué intereses perseguimos como prioridad.

Por lo general, lo que solemos encontrar en la práctica, cuando alguna persona expresa que está equilibrada, es el siguiente cuadro:

Prioridad	Vida Física (Salud biológica)	Vida Anímica (Salud mental y emocional)	Vida Espiritual (Sentido trascendente)	Vida Financiera
100%				
75%				
50%	X	X		
25%			X	

Te invitamos a que nos envíes tus respuestas a este cuadro al correo editorial netripublishers@gmail.com para que podamos ir registrando las métricas de las respuestas entre los lectores.

Al observar los indicadores del cuadro, vemos que la vida financiera no se toma como algo relevante, y si bien dichas personas administran su economía, cuando indagamos en dicho punto, suelen compartir que su vida financiera está al servicio de sus costos básicos para abastecerse, para su supervivencia; o sea, no priorizan la vida financiera como algo a mejorar, aprender y/o encauzar. Sin embargo, este tipo de equilibrios a veces suele tornarse complicado cuando la vida financiera (que siempre está) sufre un inconveniente, desequilibrando las restantes patas de la silla, rompiendo "el equilibrio" declarado. Lo repito, es una insensatez no darle importancia ni marcar la cuarta columna (la vida financiera).

Salgamos de las trampas internas y dejemos de ignorar lo obvio. Integremos todos los aspectos para lograr una abundancia plena.

Ahora bien, según los distintos momentos de la vida, los ciclos vitales y los sueños de cada persona, el equilibrio puede ser tan diverso, que nos costaría sacar conclusiones; pero lo que sí quiero dejar asentado, es que siempre podamos considerar la vida financiera en sus mediciones, solo si lo tomamos como algo importante, vamos a generar mejores mapas de abundancia, entendiendo que los recursos que habilitan la vida financiera pueden, acompañar, estabilizar, reforzar y estimular el objetivo de las otras "patas" de la silla.

Como dice **Tony Robbins** en su libro *"Dinero, domina el juego"*: "hay que enseñarle a nuestra mente a pensar que hay más que suficiente. Podemos dejar atrás la escasez y avanzar hacia un mundo de abundancia".

Revisemos el hacer

$

Toma contacto con tu realidad

Como bien compartimos en la introducción, en la primera parte del libro, estamos poniendo foco en la "revisión". Y si bien estamos analizando los marcos de significación del dinero, que nos van llevando a resimbolizar vivencias pasadas, es importante centrarnos en el PRESENTE, y revisar nuestra realidad frente al "Hacer", y cómo convivo día a día con esa realidad.

Muchos de los problemas que a veces tenemos, no necesariamente están asociados al pasado, están conectados con el "hacer" del hoy. Desconocemos hábitos saludables que harían las cosas mucho más fluidas y dinámicas, sin necesidad de enredarnos en causas añejas, que pueden incluso, reforzar los mecanismos que queremos cambiar.

Pregúntate entonces aspectos básicos de tu realidad financiera hoy:

- ¿Tienes registro de cuáles son tus ingresos exactos?

- ¿Sabes cómo es el flujo de tus egresos? ¿A dónde va a parar el dinero que gastas?

- ¿Tus ganancias crecen en el tiempo, son estáticas, tienen planes de desarrollo?

- ¿El orden, la disciplina y la constancia, los tienes asociados a tu vida financiera?

- ¿Cómo es tu contexto, qué hábitos tienes frente al dinero?

Revisar este tipo de preguntas, nos va llevando a nuestra realidad, a lo que hoy somos "haciendo" frente a este tema. Solo partiendo de la realidad podemos resolver algo.

Así como hay **dinosaurios (causas) del pasado**, que condicionan, también hay **dinosaurios del hacer**, que, si no los tenemos en cuenta, revisados y profundizados, también podemos condicionarnos a incurrir en hábitos que no nos llevan a donde realmente queremos.

Abre en tu bitácora (libreta de notas) un espacio para siempre revisar tu HACER, el cómo gestionamos nuestra fuerza en lo concreto. Si el hacer se vuelve práctico y consistente, no dudarás de tus avances, serán una realidad operando en tu vida.

Cambia tus conductas, habita nuevas órbitas, aprende de otras culturas, pregunta maneras nuevas de hacer, anímate a transitar veredas y paisajes distintos, entrégale a tu cerebro nuevos inputs de información, desafía a tu hacer como parte primordial de tus cambios.

Siéntate; respira hondo, y toma tu realidad del hoy en tus manos, pálpala, estúdiala, conócela; anímate a admitir que hay hábitos que necesitan mejorar, cambiar, reaprender, proyectar, en fin, utiliza la energía suficiente para empezar a *hacer* con una impronta innovadora.

"Cambia tu hacer y seguramente cambiará tu realidad".

Síntesis 1

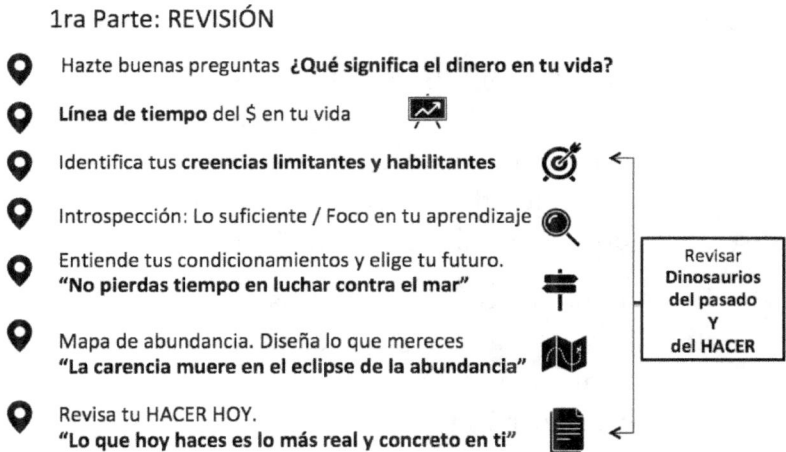

1ra Parte: REVISIÓN

- Hazte buenas preguntas **¿Qué significa el dinero en tu vida?**
- **Línea de tiempo** del $ en tu vida
- Identifica tus **creencias limitantes y habilitantes**
- Introspección: Lo suficiente / Foco en tu aprendizaje
- Entiende tus condicionamientos y elige tu futuro. **"No pierdas tiempo en luchar contra el mar"**
- Mapa de abundancia. Diseña lo que mereces **"La carencia muere en el eclipse de la abundancia"**
- Revisa tu HACER HOY. **"Lo que hoy haces es lo más real y concreto en ti"**

Revisar **Dinosaurios del pasado** Y **del HACER**

En esta primera parte nos hemos concentrado en simbolizar nuestros conceptos del dinero, y el porqué estamos leyendo este libro.

Aprendimos que conocer las causas no resuelven los problemas, sino que es nuestro HACER el que soluciona. Para ello hicimos ejercicios para entender los hitos del dinero en nuestras etapas de dependencia (niñez), independencia (adolescencia y juventud), e interdependencia (madurez).

Revisamos la aparición de la carencia y de la abundancia, que, si bien son opuestos, no significa que tengan la misma dimensión en nuestras vidas, su impacto está relacionado con nuestra capacidad de DAR y nuestra gratitud.

En todo el capítulo fortalecimos el concepto de simbolizar y entender nuestra relación con el dinero, y principalmente de dejar de decir que no es importante o que hay límites. Son solo creencias que se desanudan con hábitos saludables.

Te invito a que reflexiones la parte 1 antes de ir a la parte 2, y anota en un cuaderno (bitácora) las preguntas que aparecen en ti. Ejercitar es el músculo para desarrollar hábitos.

PARTE 2

¡Acciona!

Tomate un café con el dinero

$

Pregúntale quién es

Joan Manuel Serrat (músico y poeta español), ofrece en una de sus memorables canciones una frase que quiero destacar; "de vez en cuando la vida toma conmigo café".

Utilizando esta metáfora, quiero realizar una analogía e invitarlos a imaginar cómo sería tomarse un café con el que dicen llamar "el dinero".

Ese que tantos ropajes utiliza, que a veces está fluido, que a veces escasea, ese que aparece de golpe en alguna herencia, al que recibimos como producto de una buena negociación, el que también se ofrece a cuentagotas hasta llegar a lograr/comprar algo que tanto queremos...en fin, ¿Quién será en realidad ese personaje que tantas formas y escenas representa? ¿A qué viene a nuestra realidad? ¿Cuál será su función y finalidad principal?

¿Qué respuestas llegan a tu mente? Antes de avanzar te invito a que tomes nota...

¿Qué es el dinero en realidad?

"Historia"

En la antigüedad, previo a la existencia del dinero, el trueque fue el medio por el cual se intercambiaba el valor que se le atribuía a los bienes, objetos y profesiones que se propiciaban entonces. Este sistema permitía una sana compensación, en tanto a las necesidades de cada cual, y en lo que se tenía para dar; obteniendo un beneficio y/o remuneración mediante otro bien, que en tal situación se necesitara.

Con el tiempo, el desarrollo del trueque se fue complejizando y dificultando, ¿Qué objetos tienen más valor? ¿Siempre lo que me dan a cambio es lo que necesito? No creamos que esta pregunta es de la antigüedad, hay personas que se las hacen todos los días hoy en tiempos modernos.

Las dificultades inherentes al trueque llevaron a utilizar diversos bienes para facilitar los intercambios. Estos bienes convertidos en instrumentos generales de cambio dieron origen a las primeras formas de dinero.

Es importante entender este concepto de "intercambio", ya que en la utilización de este medio siempre se da y se toma algo.

En la actualidad, el uso y la especialización en cuanto al dinero se ha desarrollado profundamente. Los sistemas económicos mundiales regulan, administran y gestionan los distintos engranajes, en donde "el dinero" es actor protagonista de una película compleja, en donde no siempre los resultados son beneficiosos en cuanto a la visión humanística y la evolución de una idea global de supuesta equidad. Y aquí no es "el dinero" el responsable, este es solo un indicador por el cual se permiten ver cuestiones de base en el intercambio con el mismo, en donde se puede observar **qué bienes** se intercambian, **para qué** se intercambian y **con qué** objetivo.

Volviendo al café / Indicador de Valor

Tomando el café con el dinero, él me responde: **"Soy un indicador de valor, que propicio intercambios.** Muchos me utilizan para eso. Cuando compenso las expectativas de las partes, se quedan conformes con mi llegada. Esta es una de mis funciones principales".

"En distintos países visto distintos ropajes, pero mi función es la misma. Siempre estoy disponible, muchos me toman de manera natural, me utilizan para fines altruistas, otros me tienen miedo, algunos me niegan, me tienen desconfianza, otros me utilizan para divertirse y disfrutar, otros me entierran y me esconden, otros me añoran como una utopía… **Soy el mismo siempre**… pero observo, que la gente me percibe de manera muy diferente y solo intento adaptarme para cumplir mi función".

Mi finalidad $$

"En cuanto a mi finalidad: persigo generar una compensación energética, una compensación de necesidades; según el contexto voy cambiando el criterio de valor, hasta que quienes me intercambian acuerdan sus beneficios. Cuando me convertí en moneda de cambio, apareció lo que llaman "el mercado de oferta y demanda" y allí tuve que volverme más dinámico para compensar a todos. **Pero mi finalidad es lograr compensaciones a las partes que me intercambian".**

Reflexionando

Como vemos en esta sincera y directa conversación con el dinero, él manifiesta tener una función y una finalidad concreta y precisa. No tiene cuestiones emocionales que lo determinan, ni que le den identidad. Solo está para cumplir su función y finalidad.

Con esto quiero desterrar de la faz de la tierra que "el dinero" es culpable de algo, ¡basta de echarle la responsabilidad! Ese medio de valor e intercambio está disponible y **somos nosotros los únicos responsables de acercarnos o alejarnos de este bien**, que tantas posibilidades permite en el mundo en que vivimos.

Me quedaría horas escuchando al dinero describirse, pero sin preguntarle sé que su vida está acompañada de un fin altruista, pues procura el bien de las partes aun a costa del propio. El dinero busca satisfacer a quien lo recibe, pero allí encuentra un escollo, no siempre la contabilidad en la vida cotidiana es un ejercicio balanceado. Hay otros elementos de valor en una transacción con el dinero, la confianza, la clara comunicación, los favores, el cariño o desapego, y también aparecen la avaricia, la envidia, y un sinnúmero de emociones, sentimientos, y sensaciones acompañando las transacciones. Hemos presenciado todo tipo de batallas y guerras por querer congraciarse con el dinero, pero al final del día, vuelve a ser un indicador de valor.

Aquí es donde te invito a reflexionar cuáles son las transacciones de tu vida, pues ellas serán representadas por un valor. Aunque ese chocolate que guardas en el bolsillo es el bien más preciado del día de hoy, pues se lo llevas de regalo a tu hijo luego de una larga jornada de trabajo, recuerda que no lo podrás cambiar por una casa, un auto, o por las cuentas del colegio de ese niño. Emocionalmente en este instante puede valer más que nada en el mundo; el dinero nos recuerda que todo tiene un indicador de valor, el cual es una simbolización en una sociedad.

Síntesis

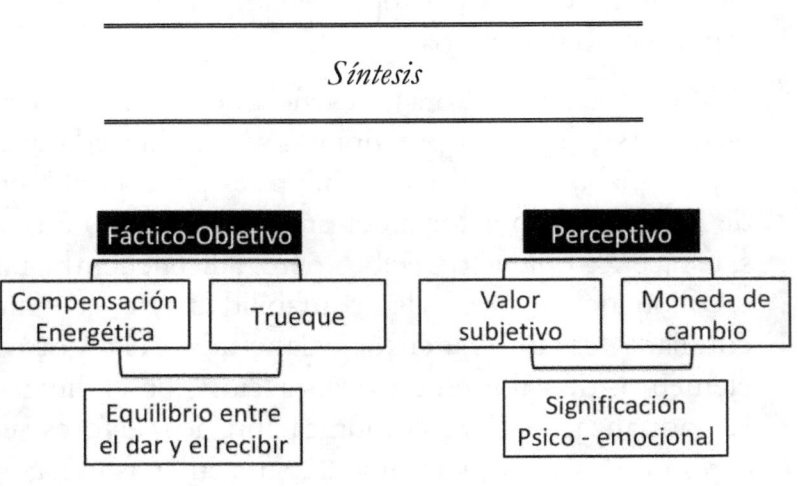

Uniendo puntos que venimos desarrollando, podríamos decir que el dinero tiene dos aspectos que lo determinan:

Uno netamente fáctico y objetivo, que contiene su función y finalidad específica, y otro, un aspecto subjetivo, que está determinado por la significación que cada persona le da, en base a las experiencias que ha tenido en su vida.

Es importante detenernos en estos puntos; el fáctico y objetivo, para empezar a observar al dinero tal como es y sentirnos merecedores de su función y finalidad; y el aspecto subjetivo, para terminar de desacoplar creencias y constructos viejos, y ponernos a aprender y aplicar nuevos conocimientos de valor para construir un nuevo futuro.

Algo más de historia

La obsidiana de Anatolia, usada como materia prima para la fabricación de herramientas en la edad de piedra se utilizó ya 12 000 a. C. como una forma de dinero.

Ya en 9000 a. C. se utilizaba tanto el grano y el ganado como dinero o como elemento de trueque (el primer grano encontrado es considerado como evidencia de la fecha de las prácticas preagrícolas en el 17 000 a. C.). La importancia del grano con respecto al valor del dinero es inherente en el lenguaje donde el término de una pequeña cantidad de oro era "grano de oro".

En los primeros casos de comercio con dinero, la mayor utilidad y fiabilidad de los bienes para ser reutilizados y vuelto a intercambiar (su comercialización), determinaron su elección como objeto de intercambio. Así, en las sociedades agrícolas, los bienes necesarios para la producción de cereales de una forma eficiente y cómoda eran los que más fácilmente adquirían significación monetaria en los intercambios directos.

Las sociedades fueron seleccionando algunos metales como el oro, la plata y cobre como bienes óptimos para funcionar como dinero. Estos metales circularon en principio al peso, en forma de pepitas, en telas y almidón, en polvo etc.

La historia nos va mostrando inicialmente cómo los bienes que fueron desarrollando los individuos fueron circulando en términos de trueque, y luego ya con un objeto que representaba dicho valor de intercambio (dinero).

Anímate a cambiar

$

El valor

Aquí, es donde nos quiero invitar a incomodarnos, a intentar saltar a un nuevo espacio, al principio un poco desconocido, con otros aromas, otras texturas, otros escenarios.

Piensen en cualquier cambio que hayan vivenciado, recuerden ese vértigo de sentirse entusiasmados y al mismo tiempo con adrenalina, hormigueo en el estómago, un cierto mareo, esperanza de lo nuevo, alguna tristeza por lo que suelto, en fin... **movimiento. *Todo cambio importante es como un sismo que nos sacude, que despierta, que muchas veces nos abre los ojos.***

Te invito a que juegues al ¿qué me gustaría?

Escribe qué te gustaría cambiar en relación con tu abundancia (financiera espiritual, anímica, física).

Imagina con sinceridad qué sueñas, escríbelo, dibújalo, saboréalo, "renderízalo" en varias dimensiones en tu mente y en tu sentir.

Ahora imagina que esa imagen, ese paisaje de cambio está frente a ti, pero que para llegar a él tienes que atravesar un río. Ahora que lo ves, ¿te gustaría aventurarte?, ¿te animás a mojarte?, ¿vale la pena cruzar el río? Si la respuesta es Sí, bienvenido al club.

Prepárate para comenzar a moverte como un niño: "jugar, divertirte y equivocarte", en pos de aprender algo.

A los cambios a veces los vestimos de drama, pero en el fondo solo son aprendizajes, y si **decidimos** aprender, todo se vuelve mucho más placentero; porque los desafíos se ven como oportunidades, como puentes para llegar a lo que realmente quiero.

Para animarnos a cambiar necesitamos un "sueño", un propósito fuerte. Pero para consolidar un cambio, necesitamos también nuevos conocimientos, ideas que nos permitan cruzar ese río. Muchas veces con los conocimientos que tenemos, no basta para lo nuevo, ¿Quizás todavía no te has topado con las llaves precisas, que abren la caja de tu abundancia?

Por ahora focaliza en tu sueño, afina la imagen. ¿Qué significa afinar la imagen? Imagina lo que deseas conseguir, con detalles, como si fuera una fotografía. Si buscas un negocio, imagínalo; si buscas un cambio de trabajo o de rol en tu empresa, imagínate; si buscas junto a tu familia una casa, imagínenla. En breve revisaremos algunos conocimientos que pueden ayudarte a lograr lo que deseas.

Como dice PETER DIAMANDIS: "La abundancia no consiste en proporcionar a todo el mundo una vida de lujo, sino una vida de posibilidades".

Gestión del cambio

Gestionar un cambio puede tener dos caminos y maneras de abordarlo:

1. Cambiamos porque la vida nos arrincona, muchas veces con experiencias dolorosas y prácticamente "nos obliga" a realizar desplazamientos de aprendizaje. A veces cambiamos cuando nos quemamos con nuestras propias dificultades. Ese cambio se entremezcla con los **verbos sobrevivir, y aceptar.**

2. Cambiamos porque lo decidimos, porque avizoramos una oportunidad de mejora y podemos imaginarla, soñarla, proyectarla y planificarla. Estos tipos de cambios conllevan mucho más disfrute y motivación. A veces ese cambio se entremezcla con los verbos **crecer y crear.**

Ambos cambios son cambios reales y permiten ir por nuevas formas de ver la vida, de ampliar nuestra percepción, nuestra mirada. A su vez, pueden ser congruentes, pueden confluir, como la vida misma, donde el blanco y el negro se diluyen en un gris.

El cambio número 1, es como dijimos, más doloroso. Siempre que lo facilitamos nos gusta facilitarlo con la curva de aprendizaje que implica realizar un duelo, porque allí hay mecanismos que solemos aplicar para lograr cambiar. Imagínense un tren que va pasando por distintas estaciones hasta llegar a un aprendizaje.

Cambio 1

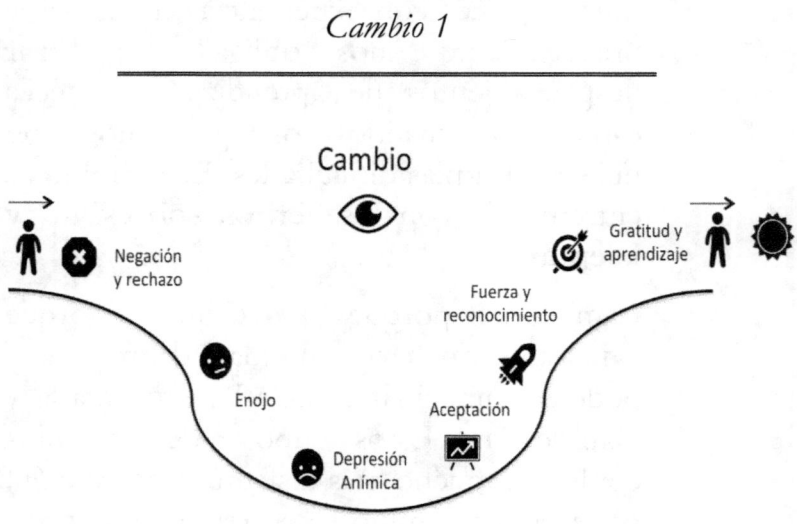

En un primer momento, cuando la realidad arrincona, la primera estación suele ser la negación y rechazo; al principio nos resistimos al ver la realidad, rechazamos lo que nos pasa. Como esta instancia permanece, comenzamos otra etapa de enojo, nos enfada no poder superar lo que sucede; luego acontece un bajo anímico importante, en donde el enojo cede y aparecen sensaciones de temor y de cierta depresión. Luego de este estado, comienza a salir el sol, emerge la reconfortante sensación de la aceptación real de lo que sucede, se empieza a sentir como un renacimiento, un nuevo equilibrio emocional que permite la posibilidad de un aprendizaje.

Un Aliado

En ambos caminos abandonamos la zona de confort, nuestra amígdala entra en acción, nuestro cuerpo libera el cortisol, la hormona del estrés, aparece el miedo, comienzan las luchas internas en nuestro cuerpo. Esta hormona se libera en la sangre y limita nuestra expresión y creatividad, aquí entonces les aconsejo un compañero infaltable en todo momento: el ejercicio.

El ejercicio no solo cuida una de las cuatro patas de nuestra silla (nuestra salud biológica) sino que disminuye las concentraciones de cortisol, y por consiguiente, nos prepara para desarrollar mejores rendimientos acompañados de una fortaleza interior (alma) y exterior (cuerpo). El sudor que tenemos al hacer ejercicio repara los daños corporales producidos por el estrés y nos estimula, estando más alertas, más creativos, más sanos. Te invito a que hagas diariamente rutinas de ejercicios sencillos, que nos ayudan a liberar el estrés residual que aún no podemos manejar conscientemente. Tener estos aliados es de alto valor para la aventura.

Cambio 2

En el cambio del segundo camino es completamente distinto su abordaje. Aquí al ser un movimiento voluntario y direccionado, las estaciones del tren del cambio tienen otro marco de acción.

La primera estación es la del "sueño", la de tu propósito. Esta no es una tarea menor, identificar qué quiero lograr.

La segunda estación es fundamentar el "para qué" quiero cambiar, cuál es el sentido profundo que me motiva.

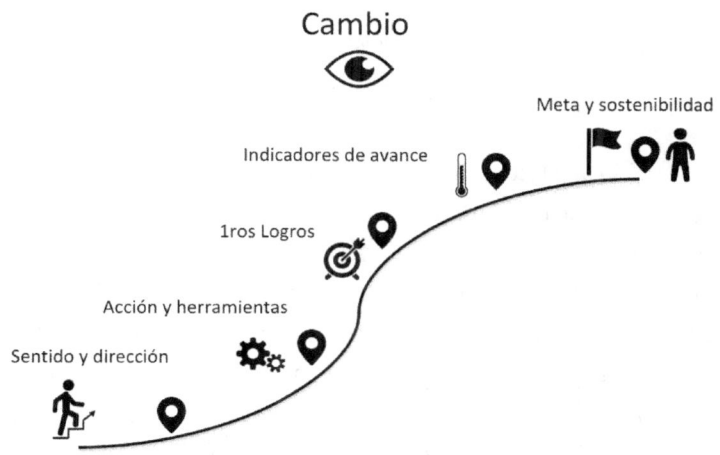

La tercera estación consiste en comenzar a realizar acciones concretas (movilizarse) en pos de lo que se quiere.

Luego en nuestra cuarta etapa, hay que enumerar progresivamente aprendizajes graduales que permiten aprender competencias (herramientas) que necesitamos para ese viaje.

En nuestro camino, a medida que ya hemos transitado los primeros desplazamientos aparecen dos estaciones más, la quinta estación donde vamos supervisando los avances (gestión de impactos), y la sexta, en donde confirmamos el rumbo para terminar de consolidar el cambio, nuestra sostenibilidad, que permite que el aprendizaje se fije en la conducta como un hábito.

Ejemplos $$

En oportunidades, la imprevisión o falta de conocimientos, ocasiona una deuda grande adquirida con un banco, y por falta de pago, se recibe una intimación de embargo de bienes. En estas circunstancias solemos alarmarnos, despertarnos y empezar a entender que el punto de aprendizaje es inminente. Si realmente podemos atravesar la curva de estaciones del ejemplo anterior (Cambio 1), quizás podemos resolver la urgencia, pero no llegamos a resolver de fondo aprendizajes actitudinales y técnicos que permitan no volver a vivir apremios de este tipo. **"es clave después de las tormentas y avalanchas, ver qué acciones propias desencadenaron la misma".**

Distinto es, cuando por ejemplo me quiero comprar una casa; y uno inicia un proceso de planificación para lograrlo (Cambio 2), fijando con atención el propósito y fundamento de cambio, movilizándonos al aprendizaje y midiendo los indicadores de avance, para finalizar obteniendo la casa que se planificó.

Síntesis y reflexión

Siempre estamos gestionando cambios, la vida es un constante aprendizaje. Lo que quiero destacar como importante es que la decisión y convicción de querer cambiar es la que marca la diferencia y nos hace más protagonistas de nuestras acciones. El gestionar con un norte determinado nos vuelve más responsables de nuestros sueños, más merecedores de nuestra abundancia.

Puentes para cambiar

$

Habilitadores de cambio

---

1. El primer habilitador que nos invita a cambiar es **el conocimiento**. La humanidad en su evolución y progreso es un encadenamiento de conocimientos que fueron y van permitiendo encontrarle un sentido a la vida y un basamento lógico y sólido a cualquier experiencia. Sin conocimientos definitivamente no podríamos evolucionar. Piensen en cómo habilita un conocimiento a resolver problemas, que sin ese recurso sería imposible. El conocimiento abre las puertas y siempre las abrirá. Este es mi aliado preferido.

2. **La afectividad**: nuestra vida afectiva, las personas que realmente nos aprecian, nos quieren ver crecer, pueden entender nuestro vuelo. Estas órbitas afectivas son las que refuerzan nuestros propósitos, las que nos empujan a saltar hacia donde soñamos. Están allí para el paso siguiente. Muchas veces las

encontramos en nuestros familiares, en amigos de valor, y también suele suceder que en ambientes laborales y profesionales alguien ve un talento nuestro y ayuda a propulsarlo. Recuerdo todavía como un amigo y colega, en experiencias laborales, confiaba más en mí de lo que yo realmente confiaba. El veía algo que yo todavía no captaba en mí, y me aventuraba con su estímulo y compañía a que yo me diera cuenta de lo que él observaba en el mismo vértigo de cada experiencia. Vivencias de extrema gratitud, que se viven cuando hay seres generosos y cuando por parte de uno, hay ganas de crecer y de correr riesgos de aprendizaje.

3. **El autoconocimiento**: el trabajo y cultivo interior que cada uno realiza en su mundo interno, hace que las preguntas y las respuestas que destraban situaciones sean más efectivas. El dedicar tiempo al cuidado interior, a la asimilación de nuevos conocimientos permitirá un habilitador efectivo para el cambio.

4. **La tecnología**: es un resultado del progreso del ser humano, una herramienta que permite ir resolviendo desde cuestiones cotidianas hasta cirugías de alta complejidad, es uno de los ejemplos de la gran capacidad de creación

que tiene el ser humano. Como el avance es tan dinámico y rápido, en términos de tiempo, es importante actualizarnos, en lo posible a todas las tecnologías que van apareciendo, siempre desde una mirada herramental que nos permita acceder al recurso para la cual fue creada. Antiguamente para llegar a contactar a un cliente había que enviarle una carta, y aunque ahora extrañemos un poco lo romántico de esa forma, no podríamos compararlo con la asertividad con la cual hoy accedemos a contactar a personas a través de emails y tecnologías digitales. Lo que suele observarse es que los cambios de paradigmas tecnológicos, suelen generar resistencias iniciales a la hora de utilizarlas. Como todo cambio, tiene resistencias lógicas; lo que quiero resaltar es que el buen uso de la tecnología es un habilitador de gran valor para muchas aristas de nuestra actividad cotidiana, laboral y financiera.

La frase sugerida es: *"rompe paradigmas, y encontrarás tecnologías para cambiar"*.

5. **Los idiomas y las culturas**: aventurarse a aprender idiomas nuevos, permite incorporar otros códigos de percepción. Hay cosas que solo pueden describirse en un idioma y no en otro, o puede describirse con más exactitud.

Más allá de manejar varios idiomas, lo que quiero expresar es que estudiar un idioma, aunque uno no sea experto, puede hacerte vivir esa experiencia perceptual de comunicarte con otro y consigo mismo de una manera diferente. Lo mismo ocurre con los viajes, cuando tenemos la oportunidad de conocer otras culturas; experimentamos un cambio de ubicación en nuestra percepción que hace que todo se vuelva diferente, y que situaciones problemáticas de nuestro diario vivir se vuelvan fáciles de resolver si tomáramos costumbres y comportamientos de otras culturas. Cada viaje que experimento "me abre la cabeza", recreo un reseteo de mi percepción. Luego de viajes he tomado grandes decisiones. Está claro que no es el viaje el que nos cambia, sino el hecho de que en el viaje uno se da el permiso para abrir la percepción a lo nuevo.

6. **El Arte:** este recurso, por suerte siempre lo tuve a mi alcance, gracias a mi querido padre, quien me facilitó la oportunidad de aprender un instrumento musical. Pude atravesar distintas circunstancias en el idioma simbólico y poderoso que se inscripta en la expresión artística. Allí desarrollé mi mundo creativo y fue mi segundo idioma para comunicarme. La

música, la pintura, el baile, el teatro, y cualquier expresión artística permite un habilitador excelente para el cambio. Su vibración subjetiva y tangible lo hace único, dejando en cada obra artística una manifestación simbólica para uno mismo y para los demás, es otro de los grandes recursos para DAR.

Tus sueños sufren de inflación

$

Priorízate

Sí, la verdad que en términos generales, los sueños sufren de inflación. Muchas personas persiguen sueños que no se alcanzan nunca, el sueño se transforma en utopía, en realidades que quizás otros disfrutan, pero que al parecer uno no se siente merecedor de tener acceso (pueden leer más de este tema conocido como el Síndrome del Impostor, término acuñado en 1978 por Pauline Rose Clance y Suzanne Ament Imes que consiste en un fenómeno psicológico que hace que aquellas personas que lo padecen sientan que nunca se encuentran a la altura de las circunstancias o que son incapaces de aceptar que merecen lo que han obtenido como fruto de su trabajo. En Argentina y mercado hispano les recomiendo el libro de Ale Marcote *"Cómo transformar el síndrome del impostor en tu aliado"*).

Allí aparecen en nuestra mente infinidad de justificaciones, por las cuales uno no avanza ni un solo paso en pos de nuestro sueño.

Causas para quedarnos quietos tenemos de sobra, como ya hemos visto, huesos de dinosaurio para toda la vida, pero a esta altura, ya afirmaste estar dentro de club, ya hiciste foco en tu abundancia, y ya tu sentir empieza a tener sed de lo nuevo.

Les contaré algo más, a veces los sueños los ponemos inalcanzables justamente para sentirnos bien al no poder lograrlos, ¿luego de todo eran imposibles, cierto? Acá les pido prudencia, pasos cortos, una montaña se sube de a pasos, hay que concentrarse en movimientos fáciles de alcanzar. La suma de ellos nos permitirá conquistar metas inverosímiles.

Inflación

El concepto de inflación económica es interesante. Ocurre cuando hay un **desequilibrio** existente entre la producción y la demanda; esto causa una subida continuada de los precios de la mayor parte de los productos y servicios, y una pérdida del valor del dinero para poder adquirirlos o hacer uso de ellos.

Esto mismo ocurre con tus sueños. Éste es un bien que uno quiere adquirir, pero los recursos que tengo son escasos para obtenerlo (conocimientos y acción). Muchas veces solemos intentar comprarlo con "dinero impreso", ese dinero que se emite para equilibrar una situación apremiante, pero que a la larga es dinero ficticio, que lo único que hace es generar "deuda mala", y distanciar la posibilidad real de lo que queremos adquirir.

Lo sueños son nuestros productos que aumentan su precio en el tiempo, haciéndose casi una utopía, y nuestros recursos, nuestra moneda, nuestras ganas, que cada vez pierden más valor; y empieza un laberinto, un espejismo, un círculo sin salida, que genera deuda, una deuda con lo que realmente quiero, con mis objetivos de abundancia.

Salgamos por favor de esta mentira y empecemos a "hacer", a producir con nuestros propios recursos (conocimientos, habilidades y deseos), a confiar que solo así podemos diseñar una confianza propia, una moneda de valor, que permita construir el puente que nos lleva hacia nuestros sueños.

A veces me preguntan cuál es la mejor inversión, cómo superar las tasas de la inflación, y sostener una tasa de retorno importante, y la respuesta que doy es siempre la misma: **inviertan en ustedes.** Cuando crean un producto o servicio desde sus mentes, lo "hacen" realidad, y producen valor a otros, cuando "crean" moneda, anulan la inflación.

Salgamos de la deuda con nosotros mismos. Aprendamos nuevas alternativas para valorarnos y lograr la abundancia que merecemos.

El interés es la medida de la acción

$

Hacer

Todo lo que es importante para nosotros moviliza nuestra atención, captura nuestra energía y la focaliza, generando lo que llamamos interés. Cuando algo nos interesa, nos sentimos atraídos por ello, imantados a acercarnos a esa realidad.

Este interés estimula nuestra voluntad y nos permite ACCIONAR, entrar en movimiento.

Cuanto mayor es la atención, más se incrementan las actividades que realizamos. **Por eso decimos que el interés es la medida de la acción.**

El interés tiene inmenso poder e impacto; nos produce ánimo; mejora nuestras relaciones con quienes nos rodean, familia, amigos, colegas, vecinos, clientes; nos saca de este letargo que nos produce la inactividad; nos expulsa de la insistencia por reflexionar y pensar en forma abusiva; disminuye el estrés y el miedo; nos impulsa a explorar nuevos horizontes y nuevas relaciones en la vida; sostiene el incremento de habilidades; nos produce curiosidad, la increíble semilla de la vida misma; nos lleva a leer más, a caminar más, a exteriorizar y consolidar nuestro propósito. Siempre digo que nuestro peor enemigo no es el desgano, sino la indiferencia; no es el poco interés, es la falta de él. Si estamos en una época de la vida apática, los invito a pensar en pequeñas acciones que impulsen el interés en las cosas, en las personas, también y por ello este libro, en las finanzas, pero principalmente en DAR. Si algo sacude nuestro interés, no es solo la capacidad de sobrevivir, sino el ayudar a los demás.

Observen este mecanismo; la energía que accionamos siempre está destinada a nuestros intereses. Aquí es fundamental revisarnos, ya que éstos nos orientan o no hacia la abundancia que estamos buscando. Si hacemos coincidir nuestros propios intereses y beneficios, con el bien común, con los intereses y beneficios de otros, es ahí donde la abundancia genera una semilla robusta, firme, inquebrantable.

Una pregunta que observo en estos momentos es: ¿Qué puedo dar si no tengo nada para ofrecer en este momento? Hay algo que tenemos todos los seres humanos en igual medida, algunos necesitan más, y otros menos: el tiempo. Comencemos a sembrar la semilla de dar tiempo, y cosecharemos riqueza y abundancia espiritual, física, emocional y financiera. Lo que diferencia una acción con un suceso extraordinario, es simplemente un "extra", tomemos al menos unos segundos, minutos, ojalá más, en ayudar a una persona en cada día que vivamos. El interés es la medida de la acción.

Acción e intereses / vida financiera

Una acción en términos financieros representa la propiedad que una persona tiene de una parte de una sociedad. O sea, un bien de posesión. Esa acción viene con derechos y responsabilidades, como el voto y dividendos, pero profundizaremos esto en otro momento, nada es casual, todo es parte de un sistema.

Los intereses nos indican tanto el coste de pedir dinero prestado a las entidades financieras como la rentabilidad que nos ofrecen los productos de ahorro o inversión. En ambos casos estamos hablando del precio que cobra una parte por cederle temporalmente su capital a la otra, y aquí comienza parte de un emprendimiento, pues nosotros podemos impactar en esas tasas de interés, las cuales pueden ser positivas, neutras, ¡o negativas!

Cuando observamos una publicidad de un préstamo mostrándonos el nuevo auto que podemos tener, o los nuevos arreglos a la casa que podemos realizar, o el viaje que podemos hacer, o el impulso que hayan puesto los creativos para captar nuestra atención, recordemos también que ¡las deudas hay que pagarlas, y con intereses! Pensemos cómo podemos obtener y generar dinero, y quizás, hasta ni necesitemos un préstamo para lograrlo. Esta es la mejor educación financiera que podemos recibir.

Por supuesto es importante entender el principio contable de doble entrada o partida doble, ¿suena difícil, cierto? No lo es. Lo que gasto por un lado, debe salir de otro lugar. Si produzco una venta de un producto, entonces me desprendo de un bien, es el principio de una transacción. Si compro algo, entonces me desprendo del ahorro. ¿Pero si no tengo ahorros? Ahí aparecen las deudas, y si tenemos deudas, perdemos las acciones que teníamos.

Reflexión

Cuando quiero adquirir un bien, necesito generar el sustento (¿dinero?, ¿productos?, ¿servicios?, ¿canjes?) para obtenerlo... ¿No es curioso que el término financiero de posesión de un bien se llame acción? ¿Y que "el interés" sea esa rentabilidad que podemos obtener cuando poseemos algo? ¿Y que justamente el interés financiero, siempre está supeditado (medida) al valor de acción?

Este paralelismo entre la conducta humana y los conceptos financieros marcan una llave para entender el camino de aprender, no solo conceptos técnicos, sino llevarlos a la práctica en forma actitudinal.

Sigan reflexionando con la frase: **el interés es la medida de la acción.**

Notas:

Entiendo que cuando uno compra una acción de Apple uno busca los propios intereses, el propio beneficio, pero al adquirir esa acción contribuimos al bien común que produce Apple en la sociedad, ahí es cuando aparece la magia que permitió que Apple sea la primera empresa en la historia en superar un trillón de dólares de valuación. La energía de Apple atraviesa a sus accionistas, y la energía de los accionistas contribuye a Apple.

Un comerciante endeudado y triste en alguna parte del mundo, al comprar una acción de Apple no solo recibe el beneficio del "share" (acción), dividendos, crecimiento de la valuación, etc., sino que también se energiza, también se considera parte de un todo mucho mayor, se motiva, se fortalece, se empodera.

Ejemplo de nuestros talleres

Cuando la actividad es grupal, lo llamo la **magia de la nostridad**, "que al pensar en el beneficio de un "nosotros", nos beneficiamos con creces individualmente.

La activación e impacto que genera en una comunidad un conocimiento o una temática, es muy poderosa, ya que permite profundizar en ese conocimiento desde muchas perspectivas y puntos de vista, generando "la magia del mar", esa sensación de ser insondables y fuertes cuando estamos juntos aprendiendo algo que a todos nos interesa.

En los talleres, cuando por ejemplo llevamos el tema de "administrar abundancia", como tantos otros, se genera un intercambio de información y vivencias, que permite no solo asimilar esa temática, sino profundizar aprendizajes asociados, entramando un marco más grande de lo inicialmente planteado.

Allí se ve de forma muy clara como nuestros intereses cobran fuerza y acción.

Diseña tus nuevos hábitos

$

En donde observemos ganas, proceso,
disciplina y hábitos habrá
CONSISTENCIA

Días atrás me quedé reflexionando con la afirmación que realizó un cliente: "me doy cuenta cuando una persona es consistente por los hábitos que tiene, reafirmó; alguien que no conoce sus hábitos y no los mejora pierde energía, suele estar desordenado".

La construcción de un hábito pone en movimiento dos aspectos fundamentales, "el proceso y la disciplina".

Si quieres vivir un proceso (serie progresiva de pasos que llegan a un objetivo), repasa el contenido de este libro varias veces. La única manera de consolidar un conocimiento es entendiendo que hay que plantarlo, regarlo, esperarlo y verlo florecer. Disfrutar del proceso en cada estación, es una condición de abundancia.

Cuando escucho la palabra disciplina, me parece un poco dura, me genera frío escucharla. En el diccionario está referido a la doctrina, en especial a lo moral. Me gusta más la palabra método, hacer con orden. Ese esfuerzo constante con ganas o sin ganas que sabemos que construye, pero que nos cuesta mucho incorporar.

Observemos cualquier deportista de alto rendimiento; entiendo que no todos los días aman su deporte y les encanta hacer sus entrenamientos de lunes a lunes, sin embargo, saben que ese paso a paso, construye y perfecciona; esfuerzo que se refleja luego en la sonrisa del triunfo cuando conquistan sus logros.

Cuando observo las olimpiadas, me emociono cuando los atletas de distintos países logran sus objetivos, me inunda casi de sorpresa una emoción que brota de mí, seguramente les debe haber ocurrido; logro registrar que me siento identificado con el esfuerzo que han realizado esos deportistas, puestos en 5 minutos de competencia, en segundos en los 100 metros, en casi instantes en algunas disciplinas. También me asombra que algunos saben de antemano que por tiempos y capacidad, no saldrán primeros; pero durante los años de preparación entrenan como los número 1.

En estos días, concentrado escribiendo este libro para ayudar a desarrollar un crecimiento en los demás, ocurrió que entre otros hitos deportivos, el tenista llamado Novak Djokovic ganó su vigésimo tercer Grand Slam en la ciudad de París, en el torneo de Roland Garros superando a Rafael Nadal y Roger Federer, transformándose en el tenista con más torneos Grand Slams; en esa circunstancia dijo y quiero citarlo: "Hay que crear el propio destino, vivir el presente y olvidar el pasado, creyendo en las posibilidad de uno, pues es uno el que tiene los sueños en sus manos". El propio Djokovic quiso expresamente compartir ese deseo con todo el mundo en sus palabras de celebración.

En donde observemos ganas, proceso, métodos y hábitos habrá CONSISTENCIA.

Cuando hay consistencia y congruencia nos sentimos con confianza, y reflejamos la misma hacia los demás, confiamos porque estamos preparados, porque la preparación nos da la dignidad del guerrero, no importa tanto el resultado, estoy al 100%.

Busca siempre esta energía, hagas lo que hagas, siéntete digno, gustoso de hacerlo, intenta siempre estar al 100%. Salga como salga la ecuación, siempre estarás "presente", aprendiendo.

Volviendo al Dinero, muchas veces deben haber escuchado "Pedro es solvente o consistente económicamente". Quizás esta observación incluye de fondo todo lo que venimos comentando.

Si queremos firmemente empezar a encarar la temática del dinero con aplomo, seguramente tenemos que generar hábitos, que tal vez al principio requieran un esfuerzo, pero después serán sus grandes aliados.

Algunos pasos importantes para establecer hábitos:

1. **Propósito claro:** imaginemos las metas. Si son chicas tengamos muchas, y si son grandes, dividamos en pasos. El propósito y el para qué es la semilla.

2. **Movimientos de corto y mediano plazo:** vuelvo al camino para escalar una montaña, pensemos los pasos cortos (nos darán asiduidad y continuación), y las metas intermedias (nos darán planificación).

3. **Genera recordatorios:** usa papeles, post-it, pizarras, computadoras, usa el teléfono, pero por favor, no olvides los compromisos.

4. **Genera tiempos precisos:** el tiempo es el mismo para todos, seamos precisos y principalmente usemos bien el tiempo. Sé preciso y responsable. Tu tiempo impacta en el tiempo de los demás. No llegues tarde a tus citas.

5. **Ser riguroso (No rígido)**: riguroso está más relacionado a ser intenso, no relajado, en cambio ser rígido está vinculado a la inflexibilidad. Sé ágil y flexible, en forma intensa y certera.

6. **Date recompensas por el esfuerzo**: sin recompensas nuestro cuerpo y mente nos empieza a boicotear. Es como intentar hacer ejercicio sin la recompensa de hidratarse luego. Aquí quiero citar un empresario que una vez me dijo: "si ganas 100, recompénsate con 50, con la mitad, no seas avaro contigo mismo, pues el dinero va hacia donde es recompensado". Esta aseveración es para reflexionar.

7. **Resuelve los obstáculos**: un problema es una pregunta sin resolver; la fiebre es consecuente de una infección. No te detengas solamente en solucionar el problema, busca las raíces que lo ocasionaron.

8. **Encuentra en tu voluntad un amigo**: la voluntad o deseo de lograr algo mueve montañas dicen los dichos populares. En el diccionario se establece como la facultad de decidir y ordenar la propia conducta. Su principal adversario es la procrastinación, no dejes para mañana lo que puedes hacer hoy.

9. **Registra y valora el proceso**: me gusta la frase "si no medimos no hay avance". Dado que este libro está apuntado a la significación del dinero, te acerco una pregunta: ¿puedes comparar año tras año si has incrementado o disminuido tu capital (bienes más ahorros menos deudas)?

10. **Aprende a esperar los frutos**: paciencia y prudencia son amigos de la inteligencia. No seamos ansiosos, ni tampoco muy relajados. Aprovechando que este año de la publicación de este libro se instauró la guía Michelín de restaurantes en la Argentina, viene bien entonces el ejemplo de que no busquemos que un restaurante sea el mejor de la ciudad en 2 meses, ni tampoco esperemos 20 años para que lo sea.

El concepto de que se necesitan 21 días para formar un hábito proviene de un estudio realizado en la década de 1950 por el Dr. Maxwell Maltz, un cirujano plástico. Sin embargo, investigaciones más recientes han demostrado que el tiempo requerido para formar un hábito puede variar de persona a persona y depende de varios factores, como la complejidad del hábito y la consistencia en la práctica. Me gusta agregar que en 21 días se forma un hábito, otros 21 días más se refuerza, y otros 21 días más comenzamos a sostenerlo fácilmente, son 63 días, casi 2 meses.

Comencemos de manera fácil, intentemos con ejercicios. Los primeros 21 días hacemos sentadillas durante 5 minutos, luego los siguientes 21 durante 10 minutos, y al final en otros 21 días nos estabilizamos en 15 minutos.

Estos pasos bien practicados, inevitablemente te llevan a construir hábitos que desencadenan impactos en TODOS tus objetivos. Necesitaremos de estos 10 pasos para empezar a incorporar los conocimientos que están en el bloque 3 de este libro.

Lo importante incomoda

$

Incomódate

¿A quién le gusta estar en situaciones incómodas?, entiendo que a nadie.

Lo cierto es que el aprendizaje incluye siempre un margen de incomodidad. Todo lo que nos saca de nuestra zona de confort es incómodo, nos saca de nuestro descanso.

Lo que es prudente distinguir, es que hay dos tipos de incomodidad:

1. **Incomodidad hacia lo nuevo**: cuando aparece un aprendizaje, suelo sentirme "tironeado", una resistencia al cambio que es natural y necesaria para poder aprender. Si por ejemplo, nunca hice una inversión en alguna acción de la bolsa, es normal que me produzca una incomodidad aventurarme a realizarla, pero esta incomodidad tiene indicadores de avance, de que vamos en búsqueda de algo más, aún recuerdo mis primeras inversiones en

este sentido. Me costaba entender que sin "esfuerzo" de mi parte mi capital se incrementaba, abriéndome la puerta a otra posibilidad de generar dinero.

2. **Incomodidad que preserva:** se presenta de manera diferente; ésta sucede cuando necesitamos "soltar" algún patrón viejo, una situación, un trabajo, una persona, etc. Aparece una incomodidad sutil que impacta en el sentir anunciándote que es momento de correrte de algún espacio, de tomar una decisión, de tomar distancia. Muchas veces tomarse un tiempo cuando aparece esta incomodidad es aconsejable para determinar si es realmente este tipo. Cuando estamos acertados, el respetar esta llamada interna nos genera alivio, preservando muchas veces nuestra integridad. En estos llamados también interviene la intuición, incomodando, dando un mensaje contundente para que accionemos.

Seguramente cuando leen este tipo de incomodidad aparecerán experiencias que han vivido, en donde respetar ese llamado y salir a tiempo, fue necesario y positivo.

Lo importante

Priorizar lo que realmente importa no es algo tan sencillo, podríamos decir que solemos evadir muchas cosas importantes y nos concentramos en lo urgente. Retomo los cuatro pilares de la abundancia (espiritual, física, emocional, y financiera), ya hemos compartido en capítulos anteriores lo determinante e importante que es atender cada una de estas áreas, en forma simultánea y equilibrada.

Sabemos que hay "cosas importantes", que son centrales, sin embargo podemos distraernos y olvidar lo relevante.

De más está aclarar, que a veces, cuando por ejemplo nuestra salud pega sacudones, enseguida lo importante se acomoda, se hace figura, y podemos comprobarlo en más de una oportunidad.

Ahora bien, para ir voluntariamente a **lo importante** hay que incomodarse, hay que desplegar valentía para resolver, osadía, encauzar e iniciar un paso más, siempre un paso más es indicador de abundancia. Incomodarse por lo importante genera una satisfacción que reporta mucho bienestar a la persona que lo practica. Te invito a que te incomodes por algo importante y sentirás esto que te digo.

Juguemos a la **Mamushka** (o Matrioshka) donde una muñeca alberga otra en su interior, y así sucesivamente.

1. Realiza una lista de 5 aspectos importantes en tu vida.

2. En cada aspecto señala 3 puntos importantes.

3. A estos 3 puntos incorpórale una acción relevante.

4. Ejecuta cada acción.

5. Luego registra cómo te sientes.

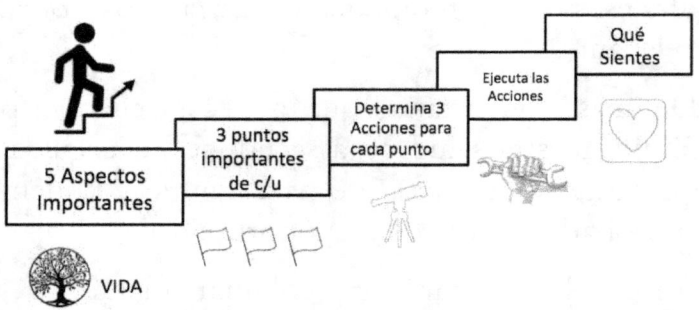

De 5 aspectos importantes de vida surgen 45 acciones de relevancia.

Practica y sentirás congruencia entre lo que te propones y haces.

"El interés es la medida de la acción".

Mamushka

Estas muñecas son un ícono de la cultura de Rusia; ellos las llaman matrioskas, pero también se utilizan los términos muñeca rusa, mamushka y babushka; sea cual sea el nombre que quieras darles, estas muñecas son fascinantes y son un clásico ruso.

Hoy en día, existen varias versiones de esta **muñeca** que básicamente es "una muñeca dentro de una muñeca, dentro de otra muñeca, y así sucesivamente", las conoces, ¿verdad?

Mucho se dice sobre el **significado,** y una de las versiones es que se creía que era un símbolo de alegría, prosperidad y sabiduría, ya que al abrirse, revelaba lo que cada una tenía dentro y eso se interpretaba como una simbología de la representación interior de las personas.

Otras teorías afirman que **la mamushka significa fertilidad y maternidad** debido a la herencia de su nombre.

¿Qué significado quieres darle tú?

Anímate a pensar que las mamushkas son una invitación a profundizar sobre lo que estamos aprendiendo, que cada muñeca imprime un nuevo estado de conocimiento, de fuerza, de ganas de avanzar. Cada vez que avanzamos la muñeca se hace más pequeña, lo que nos sugiere deducir que nos vamos simplificando (llegando a una síntesis), que cada paso implica un punto de foco, de conquista en lo que queremos incorporar.

Gestión emocional

Tus Ansias

Somos personas anímicas. Como dicen algunos escritos, tenemos un ánima, por lo tanto tenemos un alma; una usina, un motor interno que nos propulsa en la vida, una tracción que moviliza la voluntad hacia nuestros destinos, hacia lo que vamos elaborando como propósito en nuestra vida.

El ánimo de una persona, lo resumo como la gestión emocional que puede realizar de su mundo interno, de la combinación de sus pensamientos, emociones y sentimientos que van transcurriendo en su diario vivir. El aburrimiento por ejemplo es el cansancio por falta de ese ánimo, y el estrés, podríamos decir que es su desorden.

Entiendo que el estado de ánimo es un resultado de la gestión "emocional" que cada uno de nosotros realizamos.

¿Cómo gestionas tus emociones?

¿Reconoces las emociones más dominantes en ti?

¿Cuáles de ellas sientes que te perjudican?

¿Cuáles te conducen a lo que quieres?

De esta gestión, o sea de cómo administras tus emociones, podrás lograr lo que ansías en equilibrio con tu estado interior. Si esto no ocurre, puedes entrar en estados de ansiedad, que perturbarán no solo la gestión de tus recursos, sino que también podrán afectar tu salud biológica.

Aquí, la autoconciencia, o sea, el propio dominio de tus estados internos será clave para que puedas lograr lo que quieres, lo que te propones, lo que ansías, lo que quieres ver manifestado en tu vida como signo de abundancia.

La Ansiedad

Días atrás escuche una analogía con la gestión emocional que describe de manera simple el porqué solemos entrar en estados cotidianos de estrés crónico, y casi sin darnos cuenta, y hasta en circunstancias de bienestar, vivimos estresados, temerosos y nerviosos.

Ejemplo:

"A un camarero, en un restaurant, le es muy común y de gran facilidad llevar un pocillo de café a la mesa de algunos de sus clientes. Pero si ese mismo camarero tuviese, que en la misma bandeja llevar 40 cafés a una de sus mesas, una tarea simple puede resultar compleja y muy estresante".

De esto se trata, a veces nuestro estrés cotidiano viene de la acumulación de pequeñas tareas que al estar combinadas al mismo tiempo, van generando un voltaje, que si no se administra adecuadamente, puede desencadenarse en una "crisis de ansiedad", expresiones de angustia, crisis de ira, etc. La energía excedente siempre buscará salir por alguna parte de nuestro sistema biológico.

Nuestra psiquis tiene un espacio, un recinto, por así decirlo, para contener la energía electromagnética que cargan nuestros pensamientos y nuestro mundo emocional. Toda responsabilidad, preocupación, propósito, siempre carga un volumen de energía que hay que administrar, que hay que aprender a gestionar.

1. Algo que suele servirme para este tipo de gestión, es priorizar mis responsabilidades, al realizar esta tarea la percepción empieza a ordenar el curso de la voluntad para ir atendiendo paso a paso los distintos puntos, sin correr el riesgo de que todo el voltaje se presente de golpe para ser encauzado.

2. Otro punto de valor que suele ser un buen recurso, casi una manera de oxigenar y dar objetividad, es tomar "perspectiva de lo que está ocurriendo", casi como si le estuviera ocurriendo a otra persona. Este recurso lo vivencio a diario cuando recibo consultantes y clientes con distintos inconvenientes, y yo desde mi rol de consultor, encuentro mucha asertividad y objetividad para analizar las distintas situaciones. Esto ocurre, no porque sea un genio haciéndolo, sino porque puedo tomar distancia óptima y perspectiva de lo que le está ocurriendo a mi cliente.

Este recurso al aplicarlo a sí mismo, permite una llave muy efectiva para salir de estados de ansiedad, y desde allí empezar a administrar lo que nos está sucediendo.

Otro elemento de gran valor es nuestra mirada trascendente de la vida, en nuestro concepto de abundancia, nuestra parte espiritual. Esa sensación de plenitud interna que encontramos al entender y experimentar que la creación y nuestra evolución es mucho más grande que lo que nos puede estar ocurriendo. El saber que todo lo que se está presentando nos invita a un camino de aprendizaje. Incluso en circunstancias donde la adversidad parece golpear fuerte, como si Dios se hubiese enojado con nosotros, hay un **para qué** más hondo que nos invita a seguir adelante con serenidad. Encontrar estos estados, que obviamente requieren de un cultivo hacia la vida trascendente, nos permitirá atravesar y administrar con más consciencia nuestros estados internos y la gestión de nuestra energía.

Les comparto una imagen de una escalera que me llegó aleatoriamente a mi celular justo cuando estaba escribiendo este capítulo, trucos publicitarios, quizás de inteligencia artificial, que lo sentí como una linda guía para administrar mediante algunos verbos nuestra gestión emocional.

Otro aporte muy interesante de Tony Schwartz, que utilizamos en nuestros talleres y sesiones, describe cuadrantes de cómo gestionar nuestra energía, amplificando estados anímicos y emocionales que permiten más objetividad para revisar nuestro accionar.

Zona Recuperación
POSITIVA
- Relajamiento
- Tranquilo
- Fácil
- Paz
- Centrado

Zona Alta Performance
- Energía
- Pasión
- Foco
- Confianza
- Fluidez
- Autoexpresión
- Conexión

BAJA ← **Energía** → ALTA

- Cansancio
- Vacío
- Depresión
- Bajón
- Tristeza
- Desesperanza

- Defensa
- Miedo
- Irritabilidad
- Impaciencia
- Ansiedad
- Adrenalina
- Enojo

Zona Agotamiento NEGATIVA **Zona Supervivencia**

Adaptado basado en el trabajo de Tony

Intenta revisar. ¿En qué zona te sientes más identificado/a? ¿Cuáles son tus estados anímicos más predominantes? ¿Cuáles necesitas incorporar?

La administración de nuestra energía es determinante para que nuestra gestión emocional esté saludable; solo así, nuestras acciones serán consistentes en el tiempo.

Educa tu mente y tu corazón

$

Los tres cerebros

Es notable los avances que han desarrollado las neurociencias y la física cuántica al respecto, pudiendo explicar la relevancia de la vida mental en el ser humano; cómo impactan los pensamientos, generando emociones, activando glándulas que liberan hormonas, evidenciando conductas palpables que partieron de una idea, una chispa mental (pensamiento) que desencadenan nuestras experiencias.

Me detengo a referenciar a Paul MacLean, un médico norteamericano y neurocientífico que hizo contribuciones importantes en la psicología y psiquiatría. Su teoría evolutiva del cerebro triúnico propone que el cerebro humano es en realidad tres cerebros en uno: el reptiliano, el sistema límbico y la neocorteza. Joe Dispenza, norteamericano, conferencista internacional, doctor en quiropráctica y escritor, le dio más contenido a la temática, explora de qué forma el cerebro aprende, cómo procesa la información, y cómo, cuando no está estimulado por nuevas experiencias, queda adicto a patrones de comportamientos cómodos y repetitivos.

Intentaré de manera muy breve explicar algunos mecanismos que nos permitirán entender como educar la mente y el corazón para lo que anhelamos.

La importancia de entender que tenemos 3 cerebros nos ayudará didáctica y prácticamente en la forma de cómo procesamos la información que recibimos consciente e inconscientemente.

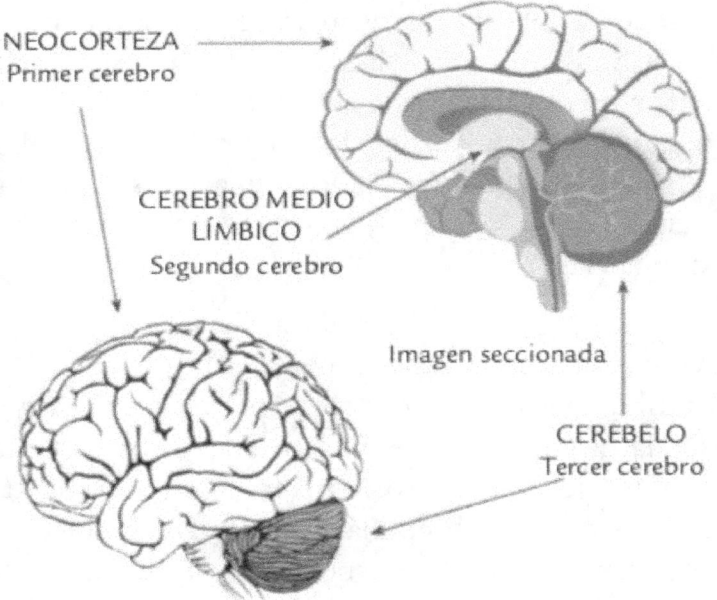

Gráfico del libro "Deja de ser tú" de Joe Dispenza

Los tres cerebros, como describe el gráfico son los que permiten, no solamente incorporar conocimientos, sino que le dan paso al actuar con ellos, vivenciar y experimentar lo que incorporamos, y en este vivenciar, genera hábitos que una vez instalados, empiezan a responder espontáneamente en nuestras conductas.

El ejemplo que suelo explicar cuando toco este punto es el de "andar en bicicleta".

Inicialmente, cuando aprendemos, utilizamos nuestro *cerebro neocórtex* para entender, razonar y proyectar "como se anda en bicicleta". Una vez incorporado, una vez que entiendo qué hacer, voy a la práctica, allí con el *cerebro límbico* experimentamos a través de los sentidos físicos y tenemos la vivencia de "sentir" qué nos pasa cuando "andamos en bicicleta" (si es agradable, si me da miedo, si es divertido, etc.). Todos lo que refiera al sentir (sensorial y subjetivo) se lo lleva este cerebro. Por lo tanto lo que ingresamos por la *corteza* cerebral, lo vivenciamos con el cerebro límbico. Si la experiencia de andar en bicicleta la experimento reiteradas veces con las mismas sensaciones, voy generando emociones, y una vez que este actuar se reitera un tiempo suficiente, convirtiéndose en un hábito, es donde el tercer cerebro, *el cerebelo*, genera lo que se entiende como un "automatismo", una reacción o respuesta automática de un conocimiento asimilado; y de esta manera, una vez logrado ese conocimiento en nuestro *cerebelo*, ya acciona espontáneamente, sin necesidad de que intervenga nuestro pensar y nuestro sentir.

El ejemplo lo muestra claro, cuando pasamos muchos años sin andar en una bicicleta, uno se sube y sin pensarlo, sale pedaleando, como si el tiempo no hubiera pasado. Esta experiencia señala de manera simple procesos de alta complejidad que manejan estos tres cerebros.

Destaco este mecanismo, porque así como grabamos en nuestro cerebelo conocimientos de valor, también solemos asimilar conocimientos que no nos llevan a lograr lo que queremos. Nuestro cerebro no identifica o distingue entre lo bueno y lo malo, solo es fiel a su mecanismo de cómo grabar conocimientos, y hábitos que solemos repetir.

Si por ejemplo, aprendo de manera errónea a estacionar mi automóvil, usando mal los espejos, no calculando bien las distancias, y ese "error" o falta de conocimiento preciso, no lo incorporo correctamente, y sigo estacionando "como puedo", es muy probable que ese "como puedo" se grabe con el tiempo en nuestro *cerebelo*, y a la hora de estacionar, responda deficientemente ante ese acto.

Reflexionemos que de esta manera tenemos grabados conocimientos que nos llevan a ser asertivos y otros, que justamente generan lo contrario. Cuando en los primeros capítulos hablábamos de las creencias (bloques de pensamientos) que están incorporadas, es porque hemos experimentado vivencias con ellas y hoy a la hora de actuar, responden automáticamente, sin intervención de nuestra razón y consciencia.

Por lo tanto, educar o reeducar la mente y el corazón (emoción-cuerpo) es totalmente necesario para aprender cualquier abordaje de valor.

Con relación al dinero pensemos que seguramente tenemos muchos "automatismos incorporados", muchas maneras de responder que ya están aprendidas, algunas llevándonos a puntos asertivos (abundancia) y otras generando una y otra vez mecanismos de carencia.

Lo interesante de las neurociencias, es que científicamente se demuestra, cómo los circuitos neuronales, generan huellas que una y otra vez repetimos y que tenemos el hábito de reiterarlas.

Entonces, será importante saber que si queremos incorporar algo nuevo, tendremos una especie de batalla interna; entre lo que quiero aprender y lo que necesito desaprender.

A la hora de incorporar los conocimientos que brindaremos en este libro, será indispensable, si queremos que ellos se coinviertan en una realidad concreta, entenderlos, practicarlos, vivenciarlos, y de esa manera repitiéndolos en el tiempo, se "reimplanta" un nuevo hábito y mecanismo en nuestro *cerebelo.* Cuando eso ocurre podríamos decir que estamos cambiando voluntariamente, conscientemente.

Los invito con firmeza a confirmar que podemos cambiar, que podemos incorporar nuevas formas de **hacer y ser**; todas dependerán de nuestras ganas de superarnos y de abrirnos a romper los moldes, las estructuras, que entendimos como propias y que ahora, por las ganas de superarnos requieren una reeducación integral.

Los tres cerebros y el $$$

Imaginemos como trabajarían estos 3 cerebros para nuestro objetivo con el dinero. Entender nuestro laboratorio interior nos dará la oportunidad de crear y grabar nuestros aprendizajes.

Lo primero que tenemos que entender, es que albergamos hábitos mal grabados en el cerebelo, que buscarán seguir accionando automáticamente.

Por ejemplo "si nunca anoto mis ingresos y egresos" y esto está grabado como hábito, tendremos la recurrencia inercial de no anotar nuestro flujo de dinero. No solo por el hecho de entender, quiere decir que algo deje de ocurrir. Lo bueno de todo esto es que también sabemos que cuando le damos a nuestro cerebro la información y vivencia, de que anotar los ingresos y egresos es beneficioso para nuestra vida financiera, desterrará el viejo mecanismo, pudiendo cambiar una conducta y fundando un nuevo hábito.

Para que nuestro cerebro entienda esta nueva señal como buena para nosotros, primero necesitaremos tener un nuevo conocimiento, y para ello tendremos utilizar nuestro 1er cerebro (neocortex) para entender bien ese conocimiento (por ejemplo, el para qué y el cómo de anotar el flujo de nuestro dinero. Cuando a un conocimiento nuevo le encontramos una utilidad y un sentido nuestro cerebro grita "entendí").

Ahora bien, para que nuestro cerebro entienda que esto es beneficioso, tendremos que llevar a la práctica dicho conocimiento. Cuando el cerebro límbico (2do cerebro) empieza a sentir, a través de los sentidos físicos sensaciones nuevas y agradables, encuentra un input distinto y hace figura este nuevo comportamiento. Si allí podemos sostener esta vivencia y sensaciones en un tiempo prudente, este comportamiento se graba en el cerebelo como hábito activo, desterrando los comportamientos anteriores.

Este es nuestro procesador, muy similar y superior al de cualquier computador. Lo interesante a destacar es que sabemos más de cómo funcionan nuestras notebooks, que de nuestra propia máquina celestial y biológica.

Tenemos en nuestro interior el mejor de los laboratorios para generar casi todo lo que nos dispongamos, siempre utilizando las reglas y límites del proceso, tenemos libre autonomía para crear y ser dueños de nuestro destino.

Asumir esta posibilidad es algo grandioso. Todavía recuerdo cuando empecé a experimentar cambios en relación con el dinero con esta mirada y responsabilidad.

Lo interesante no era solo que podía incorporar nuevos comportamientos y conocimientos, sino que también podía percibir que lo estaba haciendo conscientemente, o sea teniendo plena conciencia de que estaba trabajando con mi laboratorio interior.

Esa sensación de autodominio generó un antes y un después. A partir de allí "tomé riendas a más sueños", sabiendo que tenía la herramienta más importante para lograrlo, mi propio laboratorio.

Síntesis 2

2da Parte: ACCIÓN

- Entiende qué es objetivamente el Dinero. **Café con el $**
- **Descubre tu fuerza** e inicia el proceso de cambio
- **Determina tus sueños**, adquiere las herramientas para avanzar hacia ellos
- Descubre tus **intereses y acciona**, allí es donde va tu energía
- **Diseña tus hábitos**, elige y planifica cómo quieres vivir
- **Busca lo importante en ti**, aunque incomode ahorrarás tiempo, recursos, inconvenientes; **será más simple**
- Entiende tus mecanismos interno, desde **tu laboratorio interior**, crea tu futuro

Comenzamos la parte 2 de este libro tomando un café con el dinero y simbolizando la medición del valor implícito. Al mismo tiempo comenzamos a animarnos a cambiar, a mejorar, a ponernos en acción, lo opuesto al letargo y la apatía.

Entendimos que los sueños pueden ser desbordados por la "inflación", y que el "interés" es la llave del crecimiento de nuestro capital.

Por sobre todo, comenzamos a entender que la acción tiene sentido si va acompañado de fortalecer un hábito, el cual perdurará en el tiempo.

No sirve pensar que chapoteando en el agua produciremos un cambio permanente, y el "querer" solo no es suficiente. La incomodidad es nuestro aliado pues nos expulsa de aprendizajes erróneos (creencias limitantes) y nos impulsa a explorar nuevos destinos.

PARTE 3

¡Aprende!

Educación financiera

$

Por fin

Toda educación parte de una necesidad y apunta a un objetivo.

Destaco el punto de la necesidad, porque así han progresado las civilizaciones, en base a las necesidades que iban identificando satisfacer, se fueron elaborando distintos modelos de educación.

Con respecto a la educación financiera, es un terreno casi inexplorado en la población mundial. Algunos avances han ocurrido en base a la globalización de la información de las últimas décadas, pero aún no hay un abordaje integral que contemple el abanico que intentamos acercar en este libro; en donde no solamente se abordan temáticas técnicas, sino que es necesario revisar cómo ello converge en los distintos aspectos de la vida de una persona, en lo individual y en lo colectivo.

Este libro centra algunos puntos que considero necesarios empezar a compartir para que se entienda a fondo qué implica tener una buena educación financiera.

Esta radica inicialmente en empezar a tener un lenguaje común que pueda entenderse de manera sencilla. Siempre hablar en un mismo idioma dinamiza y facilita el entendimiento en cualquier aprendizaje. Por lo tanto es necesario manejar algunos conceptos ABC para poder seguir el hilo conductor de ideas básicas y de mayor complejidad.

Otro factor, es que los conocimientos que se aprenden, sirvan primero para el aporte individual de cada persona, y luego para contribuir aportes a los demás, pudiendo generar un circuito virtuoso de retroalimentación de aprendizaje.

Un aspecto que considero distintivo es el énfasis que damos en este libro al apartado central de significación del dinero en la vida personal, relacional y cultural. La significación y la psicología del dinero es un factor determinante en los cambios que podamos incorporar en este sentido.

También una educación integral debe tener un amplio margen de adecuación de contexto. Cuándo, cómo, dónde, a quién se capacita y para qué objetivos puntuales, será de alta relevancia para que el aprendizaje tome el sentido buscado.

En este libro intentamos inaugurar una nueva manera de encarar esta temática, permitiendo facilitar que los puntos que estamos destacando se articulen entre sí, permitiendo al lector que intenta asimilar aprendizajes, interpretar por sí mismo los contenidos de valor que necesita hoy, y progresivamente y en base a su experimentación, vaya tomando mayor interés en profundizar en otros contenidos y alcances.

Conceptos básicos para tener en cuenta

Compartimos algunos conceptos básicos que permitirán homogeneizar lenguaje y algunos contenidos que se desarrollarán en los siguientes capítulos:

Presupuesto: un presupuesto es un plan financiero que detalla tus ingresos y gastos. Te ayuda a tener un control claro de tu dinero y a asignar tus recursos de manera efectiva. La planificación es lo opuesto a la improvisación, planifica y observarás mejores rendimientos y bienestar.

Ahorro: el ahorro es la práctica de reservar una parte de tus ingresos para futuros usos. Es importante ahorrar regularmente para construir un fondo de emergencia y para alcanzar metas financieras a largo plazo. Algunas personas lo llaman el "propio banco", una entidad propia que financia también sueños.

Deuda: la deuda es el dinero que debes a otra persona o entidad. Puede ser en forma de préstamos estudiantiles, hipotecas, tarjetas de crédito, etc. Es fundamental gestionar la deuda de manera responsable y pagarla a tiempo para evitar intereses acumulados.

Intereses: los intereses son los costos adicionales asociados a la toma de un préstamo o al dejar dinero en una cuenta de ahorros o inversión. Pueden ser intereses pagados (cuando tomas un préstamo) o intereses ganados (cuando tienes una cuenta de ahorros o inversión).

Inversión: la inversión implica utilizar dinero para adquirir activos con el objetivo de obtener ganancias o rendimientos a largo plazo. Las inversiones pueden ser acciones, bonos, bienes raíces, fondos mutuos, entre otros. Algunos índices son S&P 500, Dow Jones Industrial, Vanguard 500, etc.

Diversificación: la diversificación implica distribuir tus inversiones en diferentes clases de activos y sectores para reducir el riesgo. Al diversificar, evitas poner todos tus huevos en una sola canasta y te proteges de pérdidas significativas en caso de que una inversión no funcione como esperabas.

Inflación: la inflación es el aumento sostenido y generalizado del nivel de precios de bienes y servicios en una economía. La inflación reduce el poder adquisitivo del dinero con el tiempo, lo que significa que el mismo dinero compra menos en el futuro. Quiero que cuando observes una inflación en una moneda la compares con otra, quizás se deprecia el peso argentino, pero contra el dólar y/o euro tiene otra relación.

Riesgo y recompensa: existe una relación entre el riesgo y la recompensa en las inversiones. Por lo general, las inversiones más arriesgadas tienen el potencial de generar mayores rendimientos, pero también implican un mayor riesgo de pérdida. Es importante entender tu tolerancia al riesgo al tomar decisiones de inversión.

Fondo de emergencia: un fondo de emergencia es un ahorro reservado para cubrir gastos imprevistos, como la pérdida de empleo, reparaciones de emergencia o gastos médicos inesperados. Se recomienda tener de tres a seis meses de gastos básicos en un fondo de emergencia.

Educación financiera: la educación financiera es el proceso de adquirir conocimientos y habilidades relacionados con la administración del dinero, la toma de decisiones y la planificación para alcanzar metas. Una sólida educación financiera es esencial para tomar decisiones informadas y tener una vida financiera saludable.

Bolsa de valores: es un mercado organizado donde se compran y venden valores financieros, como acciones, bonos, opciones y otros instrumentos.

Acciones: son títulos representativos de propiedad en una empresa. Al comprar acciones, te conviertes en accionista y tienes derecho a participar en los beneficios y decisiones de la empresa.

Índices bursátiles: son indicadores que representan el rendimiento general de un conjunto de acciones en la bolsa. Algunos ejemplos famosos son el Dow Jones Industrial Average (DJIA) en Estados Unidos, el S&P 500 y el NASDAQ Composite.

Volatilidad: es la medida de la variabilidad de los precios de los activos en la bolsa. La volatilidad alta implica fluctuaciones más grandes y rápidas en los precios, mientras que la volatilidad baja indica movimientos más estables.

Rendimiento: es la ganancia o pérdida obtenida de una inversión en la bolsa. Se expresa generalmente como un porcentaje y puede ser positivo o negativo.

Dividendos: son pagos periódicos que una empresa hace a sus accionistas como parte de las ganancias distribuibles. Los dividendos son una forma de obtener rendimiento de las acciones.

Corredor de bolsa: es un intermediario que facilita la compra y venta de valores en la bolsa. Los corredores de bolsa pueden ser personas físicas o empresas y están autorizados para realizar transacciones en nombre de los inversores.

Análisis técnico: es un enfoque de análisis que se basa en el estudio de los patrones y tendencias de los precios históricos de los activos para predecir futuros movimientos del mercado.

Análisis fundamental: es un enfoque de análisis que evalúa la salud financiera y el desempeño de una empresa para determinar su valor intrínseco y tomar decisiones de inversión.

Orden de compra y orden de venta: son instrucciones dadas a un corredor de bolsa para comprar o vender un valor en particular. Una orden de compra se utiliza para adquirir un valor, mientras que una orden de venta se utiliza para deshacerse de un valor.

Riesgo: en el contexto de la bolsa, el riesgo se refiere a la posibilidad de pérdida financiera. Todas las inversiones en la bolsa llevan cierto nivel de riesgo, y es importante entender y gestionar el riesgo de acuerdo con tu tolerancia y objetivos financieros.

Las cuatro formas de vivir

$

Flujo del Dinero

De los distintos autores conocidos que escriben y aconsejan sobre el dinero, suelo compartir el concepto que presenta Robert Kiyosaki de los cuadrantes del flujo del dinero (de sus libros "Padre rico padre pobre" y "El cuadrante del flujo del dinero").

Él plantea cuatro maneras de posicionarse frente al flujo del dinero. Lo que quiero destacar, es el aspecto integrativo y de beneficios que vengo elaborando con los distintos casos en los que acompaño, en donde pongo énfasis en la manera de vivir cada uno de estos cuadrantes, sin rigidizar ni juzgar de bueno o malo cada uno de los mismos.

CUADRANTE DEL FLUJO DEL DINERO

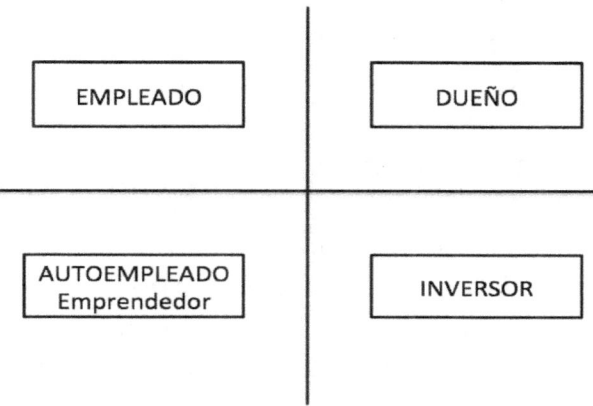

En la experiencia práctica he encontrado una manera integrativa de aprender lo importante de cada cuadrante y poder adaptarlo a cada circunstancia que vivimos para encontrar nuestro beneficio objetivo según nuestras necesidades.

Cuatro maneras de vivir: la vida de un **"Empleado"** que cobra por sus competencias, por los alcances que se le establecen y que a fin de mes obtiene un salario por su aporte a la organización en donde "trabaja". El segmento de tipo de empleados es muy amplio, pero el concepto que quiero mostrar es que los empleados trabajan para un jefe, para un dueño. Este último, es quien realmente se lleva toda la ganancia de la compañía, responsable de los éxitos y fracasos. También es quien absorbe los riesgos.

Otra manera de vivir es la del **"Emprendedor"**, quien decide hacer y "trabajar de lo que le gusta". Muchas veces comienzan como emprendedores y terminan siendo empresarios, proceso, este último, que conlleva muchos pasos madurativos en términos profesionales, personales y organizacionales. Muchos empleados en algún momento de la vida deciden saltar a ser emprendedores, tratando de unificar a la vida laboral los que les gusta hacer por sí mismos. De estos procesos he acompañado muchos casos, temática que tiene varias aristas para abrir; pero sigamos avanzando…

Otra manera de vivir es la del **"Dueño"**, Kiyosaki la llama la vida del Rico, que obviamente también tiene sus costos en términos emocionales y en responsabilidades, pero sí es cierto que el dueño, si realmente es "dueño", es quien puede atesorar la concentración de todos los esfuerzos hacia su bolsillo.

El cuadrante restante es el del **"Inversor"**, es estratégico y objetivo, calcula con precisión el concepto de ganancia, también sabe analizar bien los indicadores de riesgo, desde donde gestiona sus decisiones a la hora de invertir, con la confianza de aumentar sus bienes.

Los cuadrantes tienen un "ADN" particular y una finalidad que los define, lo cual hace que nos movamos en virtud de las distintas maneras de vivir según el cuadrante elegido.

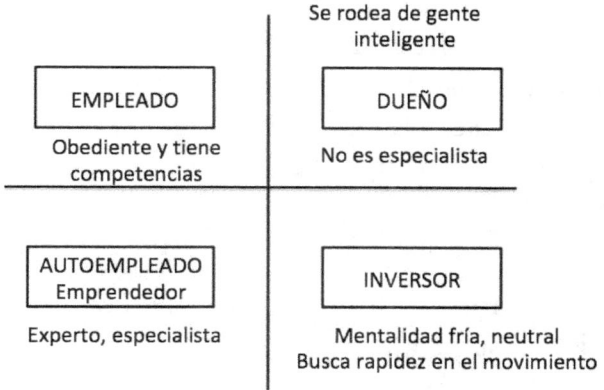

El **empleado** quiere que le paguen por sus competencias, esa es su finalidad, muchos tienen mucho dinero en su plan de carrera si logran "vender" bien sus competencias.

La finalidad y motivación del **emprendedor** es ser experto y especialista en lo que hace, este aspecto en la mayoría de los casos tiene un fuerte aspecto emocional, lo cual hace que esté "enamorado" de lo que realiza, dándole por un lado, un "empuje" único y comprometido, pero en algunos casos, también limitarlo en el crecimiento. Yo lo llamo "la enfermedad del artesano". Le pone tanto afecto al producto que generó, que luego, emocionalmente, le cuesta venderlo; como si se hubiese encariñado con el producto realizado. Estas creencias limitantes son necesarias trabajarlas para que el emprendedor no quede atrapado en su propio narcisismo de emprender.

La finalidad de la vida del **inversor** es conseguir activos en base a su pericia técnica en la estrategia de inversión, sea la inversión que sea, siempre un inversor maduro tiene "una cabeza clara" que analiza con objetividad, el retorno de su inversión. La mente fría es uno de sus talentos para tomar decisiones.

El **dueño**, es el número (10) del equipo, conoce y gestiona los jugadores de su entorno. A veces no es el que más sabe, pero se rodea y contrata a los más expertos. Tiene claro que algunos esfuerzos los hacen otros, y que su mente estratégica es la que determina su ADN y su conquista a la hora de gestionar y ganar dinero.

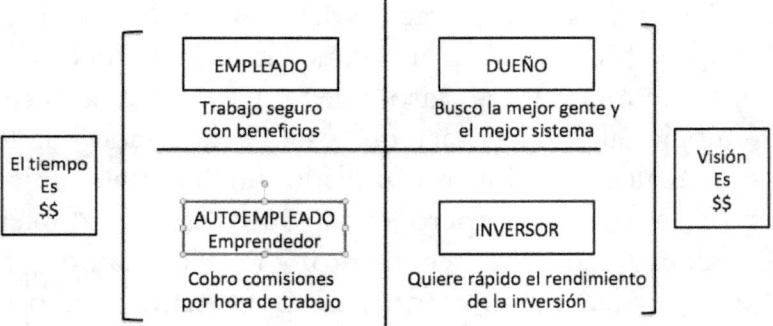

Tiempo y Volumen

Tanto **el empleado** (trabajo seguro y con beneficios) y **el emprendedor** (cobra comisiones por lo que le gusta hacer) están supeditados a la "mano de obra", a las horas de trabajo que puedan desarrollar. En ambos casos la capacidad de cómo administran el tiempo es clave, rentabilizan con tiempo; aquí es donde la frase "el tiempo es dinero" cabe como "anillo al dedo". O sea, la cantidad de dinero que pueden ganar está íntimamente relacionado con la unidad de tiempo que tienen que dedicarles a las tareas que realizan.

En **el dueño** (busca la mejor gente y el sistema) y en **el inversor** (mente objetiva), la ecuación del tiempo es distinta. Aquí lo que regula las ganancias es el volumen, no está supeditado a la propia capacidad; ya que los que producen son otros. En el caso del dueño, contrata empleados y o sistemas para generar volumen de productos y rentabilizar más, y así enriquecerse. En el caso del inversor, si invierte por ejemplo en acciones, se sube y es parte de "un tren en movimiento" de empresas establecidas, y solo por aportar en sus activos recibe rentabilidad, pero también el tiempo de producción lo hace otro, no depende del inversor. **Esta es una de las fórmulas de la riqueza.**

Días atrás me venía una imagen en relación con la riqueza: "No inviertas tiempo en producir la lluvia (liquidez), sino, invertí en buenos "baldes" (recipientes), para que cuando llegue la lluvia al suelo, puedas atesorarla".

El tiempo Es $$	Visión Es $$

Entonces, tenemos dos paradigmas: "El tiempo es dinero" y "El volumen es dinero". Uno supeditado al **tiempo** en producir y otro orientado a la **visión** estratégica en como generar volumen.

Los Ricos han transformado el "ver" en "visión". Desarrollan una distancia óptima con lo que gestionan, que les permite jugar como medio campista, el (10) del equipo.

Integración

Quiero destacar la importancia de entender que ninguno de los cuadrantes es mejor que otro. **Y que también pueden confluir todos en la vida de una**

persona. Aunque los que administran volumen se vean más "aparentemente ricos", cada cuadrante tiene su virtud y su defecto, su costo y su beneficio.

Exploro estos cuadrantes como posibilidades de aprendizaje en cada una de sus formas. Tenemos que practicar la flexibilidad de aprendizaje para incorporar los 4 cuadrantes a nuestra vida. Recordemos que la elección de cada uno de ellos depende del concepto de equilibrio (regulador de abundancia) que tengamos entre nuestra realidad y las expectativas que direccionamos para nuestro presente y futuro.

Por lo tanto, empecemos a entender con más profundidad los talentos de cada cuadrante; ya que lo que marca el punto de asertividad, muchas veces lo determinan las circunstancias en la realidad misma. Ciertos contextos pueden requerir de mí, "ser empleado" (seguridad en conocimientos), "ser emprendedor" (expertise personal), "ser inversor" (mente fría y asertiva) o de ser dueño (visión estratégica).

"La asertividad depende de qué cuadrante aplico, en base a cada circunstancia". Es clave entender que lo que hace que un conocimiento llegue a su punto de eficacia, es "leer" bien los entornos, las circunstancias y tener el debido "tacto" para lograr su aplicación.

Termómetro emocional

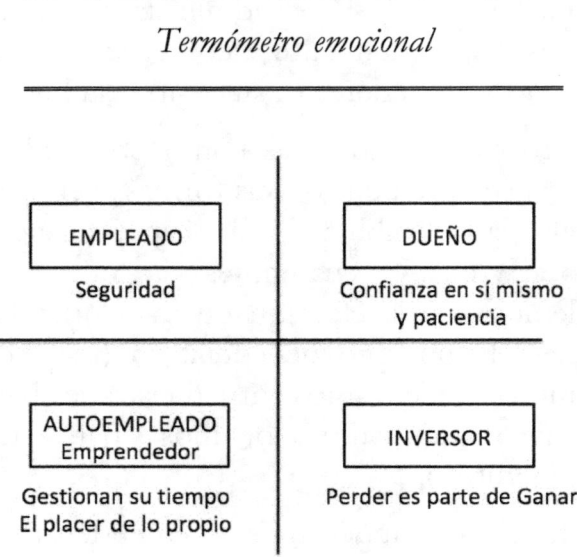

Para dar también más recursos para conocer estas maneras de vivir, comparto elementos que hemos desarrollado en la práctica y en la investigación.

Estos cuadrantes se mueven también por beneficios emocionales, y la vida anímica es determinante en nuestras decisiones y conductas. El empleado busca "seguridad" cuando es contratado con alcances y beneficios estables. El emprendedor busca "libertad" en administrar a su antojo sus tiempos y también el beneficio de sentirse responsable de "lo propio". El inversor, la estabilidad emocional la encuentra cuando comprende que los riesgos que corre son parte del juego. El riesgo es alto, pero su pericia y mente fría modera y estabiliza. El dueño busca sentir que puede dirigir y gestionar sistemas más complejos, busca en términos emocionales, **pensar en grande** desarrollando confianza y superación.

Práctica

Anota en tu bitácora en qué cuadrante vives hoy con más preponderancia.

- Busca en ti, ¿qué cuadrante necesitarías incorporar en tu vida?
- ¿Alguno de los cuadrantes lo sentís muy ajeno?
- En el caso de encontrar alguno, fundamenta la respuesta.
- De los cuadrantes que desconoces, ¿viene a tu mente algún juicio de valor?
- ¿Qué llega a tu mente o tus sensaciones cuando escuchas: Empleado – Emprendedor – Inversor- Dueño?
- Anota resonancias, las usaremos en la metodología.

Las cuatro llaves de un rico

$

Atención

Dentro de la consultora Hallway (líder en finanzas), en donde colaboro con el equipo en el área de capacitaciones, estamos elaborando cuatro llaves que abren un mundo a la hora de analizar las finanzas personales y organizacionales. Un esquema que permite discernir áreas que necesitamos incorporar y equilibrar para tener una salud financiera.

Nos hemos dado cuenta de que hay cuatro áreas que se ponen en juego a la hora de analizar nuestras finanzas. Las hemos situado en 4 cuadraturas, y en este capítulo profundizaremos en sus características y funcionamiento.

Será interesante revisar en cada uno, qué aspectos podemos incorporar y/o renovar de la siguiente descripción.

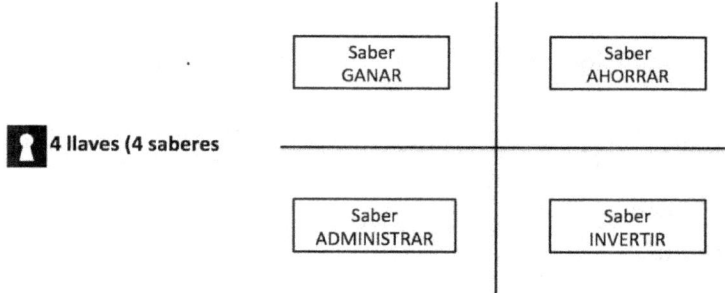

Cada una de estas llaves (GANAR, AHORRAR, ADMINISTRAR, INVERTIR) tienen un conocimiento específico, y su combinación genera el equilibrio dinámico que queremos compartir según el objetivo que tengamos por delante.

Hemos visto en algunos casos, que algunas personas saben ganar dinero, tienen facilidad para generar, pero quizás son deficientes ahorrando o administrando. Otros administran muy bien, pero les cuesta salir de la administración restrictiva, no pueden generar nuevas curvas de ingresos. En otros casos, ganan, administran y ahorran muy bien, pero no tienen idea de cómo invertir dinero.

Les compartimos el siguiente cuadro para que puedan escanearse e ir viendo a simple vista ¿cuál es mi aspecto fuerte? y ¿qué llave necesito incorporar con más premura?

Conceptos	Introduce tu prioridad
Ganar	
Ahorrar	
Administrar	
Invertir	

Marca con un 1 el aspecto que más necesites incorporar en tu vida financiera; 2,3 y 4 puedes utilizarlos, siempre sabiendo que 1 es el de mayor prioridad y 4 de menor prioridad.

De este equilibrio, como bien dijimos, dependerá nuestra salud financiera.

(Llave) Saber Ganar

El gran desiderátum que todos queremos conquistar. Lo que sí quiero aclarar, es que el saber ganar envuelve al resto de los cuadrantes, ya que la apropiación de los mismos, siempre genera activos en el crecimiento. Pero refiriéndonos específicamente a este cuadrante (saber ganar) quiero brindar algunos objetivos de valor que pueden ayudar a abrir la puerta.

El saber ganar está basado con la posibilidad de "generar", de dar un valor que es recompensado; es por ello, que muchas veces aparece la frase de "si quieres ganar, valórate más". Está comprobado que un contenido de valor que se oferta en el contexto adecuado siempre es recompensado; o sea, es remunerado.

Primera pregunta para replantearnos es:

¿Qué tengo de valor para dar? ¿En qué me siento talentoso, útil? ¿Qué competencias asimiladas puedo brindar? ¿Qué cosas hago que puedan ser fuente de valor?

Responderse estas preguntas es de gran importancia, ya que si logramos detectar cuál es nuestro aporte, nuestro valor, ya tenemos un punto fundamental para comenzar.

Con estas preguntas, quiero señalar e invitar a la reflexión, primero para preguntarnos, si reconocemos cuáles son nuestros talentos, o sea qué "hacemos bien". Una manera de reconocer un talento es cuando esa actividad que realizo genera resultados concretos. En ocasiones uno puede reconocer por sí mismo la tenencia de un talento (habilidad que genera un diferencial y resultados), pero hay veces que no somos conscientes de lo que hacemos bien, y son las otras personas, nuestro entorno, quien logra destacarlo en su aprobación y con el aporte que genera en los demás.

Quiero destacar algo que aprendí de un colega.

¿Cómo detectar tu zona de influencia? O sea, cómo detectar en dónde genero impacto en el entorno.

Presentaré un gráfico para ampliar el tema:

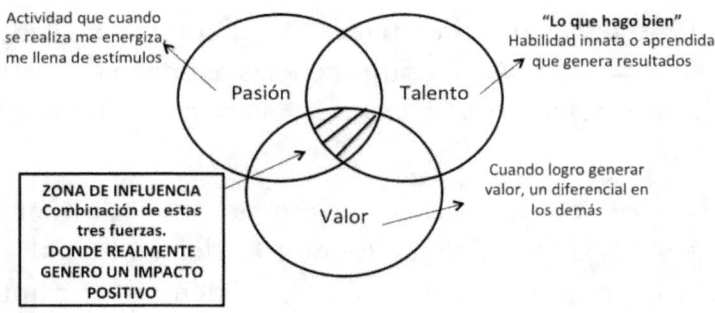

La intersección de estos tres aspectos (pasión, talento, valor) marcan una zona en donde somos asertivos en lo que hacemos y ofrecemos, en donde tenemos la posibilidad de GENERAR y GANAR. Detectar esta zona de influencia (que se la escuché a un colega coach, Alex Berezowsky) es muy importante, para observar cómo podemos movernos con más eficacia en nuestros entornos y "vendernos" mejor.

La pasión, la podemos detectar en actividades que nos reportan energía. Muchas veces hay personas que les cuesta identificar qué les apasiona, qué les gusta; el indicador de la energía que vuelve como **feedback al hacer**, genera entusiasmo y motivación. Me ha dado buenos resultados a la hora de acompañar estos descubrimientos.

Al talento, solo le agregaría que mucha veces, podemos tenerlo de manera innata, o sea soy dueño de un potencial de forma natural; aquí es importante reconocer este potencial para utilizarlo con inteligencia. Todo talento puede también desarrollarse conscientemente. **El talento es una habilidad llevada a la práctica asertiva**, una y otra vez, hasta que podemos dominarla, y se trasforma en nuestra aliada para lograr lo que queremos.

El valor, es esa capacidad que tenemos para ayudar a los demás con nuestro trabajo, actividad, oficio, deporte, etc., cuando aportamos e influenciamos de manera positiva; en ocasiones movilizando estímulos que permiten grandes *insights* ("darse cuenta"), facilitando cambios en quienes nos rodean.

Te invito a que puedas detenerte a registrar ¿cuáles son tus pasiones, talentos y tu forma de dar valor?, de esta manera podremos analizar y determinar a posteriori, las distintas zonas de influencia donde generaremos impacto.

Este es el primer punto para empezar a GENERAR, GANAR. Se genera un circuito virtuoso entre lo que tengo para DAR y lo que se RECIBE. Si tengo identificada mi zona de influencia, tengo una llave importantísima, luego tengo que saber vender lo que tengo para DAR, y ese circuito es un esquema de ganancia que hace que lo que promuevo con foco se materialice y vuelva con creces ($) a mi bolsillo, reportando ganas de seguir creciendo y generando.

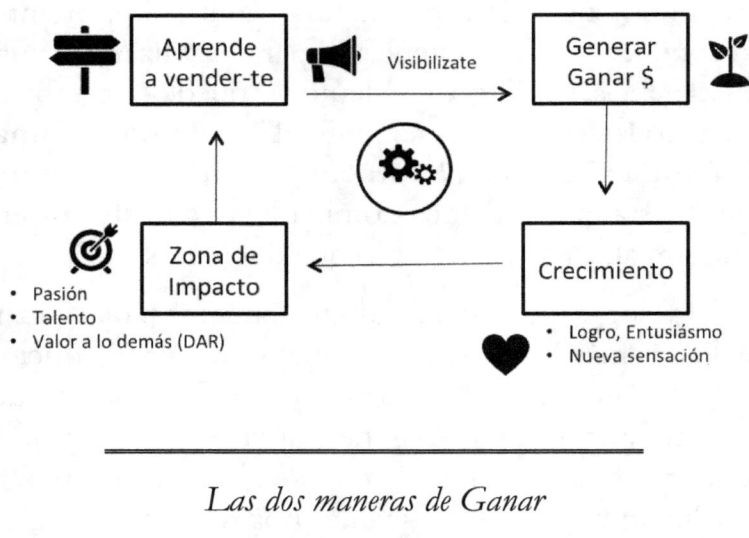

Las dos maneras de Ganar

En pos de ganar dinero, presentamos un aspecto que está relacionado directamente con la llave de la administración.

Como venimos compartiendo, la gestión emocional del dinero tiene mucho de lo subjetivo que cada persona vive y experimenta en forma única, dándole a la administración del dinero una particularidad que no siempre tiene indicadores de crecimiento. Hay personas que si el mes pasado gastaron de costo fijo $500 000, y reciben este mes un aumento de sueldo de $200 000, quizás a fin de este mes empiezan a tener un costo fijo de $700 000, como si el aumento de capital no hubiera existido. Es muy común ver que incluso duplicando los ingresos no pueden extraer ganancias, o sea excedentes, % de ahorro. Cuando esto ocurre pueden ocurrir dos circunstancias: la primera, que haya creencias limitantes (psico-emocional) que impidan que la persona se sienta merecedora de ganar, de tener excedentes; y por otro lado, que haya algunos inconvenientes a la hora de administrar dinero. Este último punto lo profundizaremos en breve en este capítulo.

Las dos Maneras de Ganar

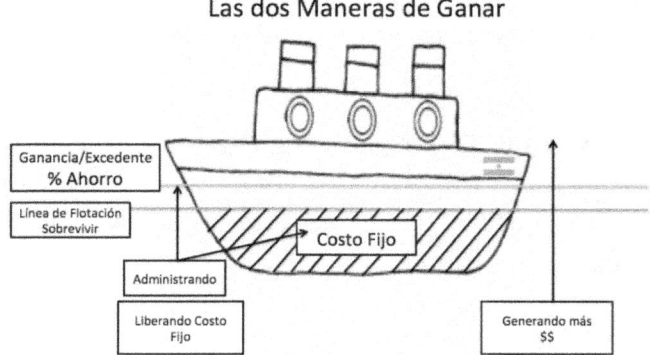

Lo que quiero destacar en esta llave (saber ganar), es que una manera de ganar es *administrarse mejor*. Ejemplo: si mis costos fijos son de $200 000, pero puedo detectar que por mala administración hay gastos que no son necesarios, y puedo realizar los ajustes para gestionar más consistente y ordenadamente ese flujo de dinero, seguramente disminuyan mis costos fijos, por ejemplo, a $150 000, pudiendo por buena administración, generar un excedente que automáticamente se transforma en ganancia; un 25% se gana por buena administración.

No estoy queriendo estimular la administración restrictiva, que es aquella que está basada en el temor de supervivencia y administra carencia, sino la administración que tiende a ordenar para lograr ganancias que serán destinadas al despliegue de la persona y a las proyecciones de prosperidad.

Administrarnos mejor es una manera de ganar y lo suelo aconsejar al inicio de este trabajo, porque el que quiere aprender, no tiene excusas para comenzar, para realizar este aspecto solo se necesita sentarse y hacerlo.

La otra manera de ganar, como bien venimos compartiendo, es aprender a generar $. Encontrar qué tengo para "dar", aprender a "venderlo", comunicarlo, y concretarlo.

De esta combinación y equilibrio encontramos dos aliados importantes, "el que genera y el que administra". Dupla inseparable, que siempre sugiero en lo que respecta a nuestra vida financiera.

(Llave) Saber Administrar

Administrar encierra dos aspectos específicos que quiero remarcar e invitar a practicar:

1. **Aspecto Técnico:** es importante entender que la administración financiera tiene contenidos técnicos y matemáticos que permiten generar indicadores, perspectivas, proyecciones, balances y análisis de valor, que son importantes a la hora de "administrar" y tomar decisiones. Si bien no es condición *sine qua non* tener pericia acabada en este aspecto, es un punto relevante para comenzar a entender cómo administrar técnicamente el dinero.

   Para comenzar desde cero, lo más importante será tener un espacio, que puede ser tecnológico (Excel, aplicación) en donde podamos anotar el flujo de nuestro dinero (ingresos-egresos). Solo con información clara podremos avanzar a una buena administración.

2. **Aspecto actitudinal:** es necesario entender que quien administra bien tiene "dominio de su liquidez", al saber a dónde va su líquido ($), o sea, en qué gastó lo que generó y cómo y a dónde impactan los ingresos, genera un dominio, un grifo de control y maniobra de los propios bienes.

   Esta sensación de saber en concreto que "tengo a disposición ($)", genera un sentir de dominio y aplomo que es fundamental incorporar. Necesitamos adquirir esta actitud si queremos administrar abundancia. Si no podemos tomar las riendas de la administración, no podremos crecer orgánicamente y con continuidad hacia escalones de mayor despliegue. Es importante entender que muchas ganancias se pierden por una deficiente administración.

En los seminarios que realizo hay un ejercicio que invito a realizar a los participantes, que es concreto y muy claro: invito a tomar un balde y cargarlo con agua (liquidez). El agua representa el dinero y el balde la administración (la contención que sostiene y abraza al dinero).

En la actividad, un balde está en perfecto estado, por cierto siempre acostumbro a llevar baldes nuevos. El otro balde aparenta también estar en buen estado, pero tiene orificios en su superficie, que hacen que al verterle el agua, parte de ese contenido caiga al suelo, perdiendo contención y consistencia.

Los participantes toman ambos baldes en sus manos y caminan 10 metros hasta llegar a un objetivo; pero al llegar, se dan cuenta que un balde tiene más liquidez y otro menos.

Ahí comprobamos empíricamente que, si no sabemos administrar bien, incluso pudiendo llegar al objetivo planteado, llegamos con menos capital (liquidez) que con el que se partió.

Muchas administraciones son muy deficientes, y generan en quienes las tienen, una sensación de "estar perdido", sin rumbo, sin claridad de lo que se tiene y de lo que no se tiene.

Liquidez y Administración

Es tan relevante el tema de la administración, que es el primer aspecto que trabajamos cuando encaramos algunos ejercicios en nuestros seminarios. Una buena administración da como resultado estar parados en tierra firme, y ese anclaje permite un trampolín para todo lo que viene en términos de riqueza; ya que la abundancia también hay que administrarla, y de dicha gestión dependerán los frutos y las cosechas de nuestras proyecciones.

En capítulos siguientes abordaremos de manera específica la **administración de la abundancia**, que tiene perspectivas distintivas que nos permitirá entender cómo se administran los excedentes, nuestras ganancias.

Ejercicio de valor para comenzar HOY

Para administrar no es necesario tener más dinero, estar desendeudado y/o tener mucho dinero; todo trabajo consciente que hagamos en este aspecto será benefactor de crecimiento. Todo avance en este punto permitirá "tapar agujeros de nuestro balde", y por ende contener la liquidez que estoy perdiendo y preparar el contenido de contención de lo que voy a generar.

El ejercicio que les plantearé es sencillo y nos permitirá entender cuánto dinero me ingresa y egresa a lo largo de 30 días. Requerirá por parte de quien lo practique constancia y perseverancia en poder consignar día a día el flujo del dinero.

Para que sea bien dinámico y actual pueden descargarse al teléfono móvil una aplicación de gestión de gastos (luego compartiré algunas de las más usadas) (*), en donde a partir del primer día del mes comenzaremos a tomar nota de cada gasto y cada ingreso; estas aplicaciones permiten agregarles descriptores específicos para que la información quede ordenada por actividad. Teniendo en cuenta que el teléfono móvil suele ser una tecnología que solemos tener muy a mano, la aprovecharemos para ir anotando al instante lo que entra y sale de mi billetera.

(*) Nota: Aprender a usar Microsoft Excel es recomendable. Un amigo mío decía que para llegar a CEO de una empresa es requerido dominar esa herramienta. Cabe destacar que si uno aprende tablas dinámicas (cómo hacer cálculos y reportes) ya sería el nivel experto; pero si uno aprende a gestionar con macros, entonces ya podrá inclusive enseñar a otros a administrar.

La finalidad del ejercicio es conocer y entender el flujo del dinero a lo largo de 30 días. Esto generará un principio de orden concreto, que nos hará seguramente, sentirnos mejor parados en nuestra realidad financiera. Aunque es un ejercicio fácil, el 50% de las personas no logran terminarlo. Afrontar estos ejercicios sencillos ponen en evidencia el peso que tiene la temática del dinero en las personas, a nivel práctico y en el plano subjetivo (psico-emocional).

Sin embargo, aunque parezca sencillo aquí empiezan a asomarse ciertos vicios y trampas que nos hacemos con las compras en cuotas, mediante las tarjetas de crédito. Cuando tenemos deuda o inversión en pago en cuotas de tarjetas de crédito, ¿qué anotamos en nuestra app dicho mes? Este tipo de preguntas es muy usual, sorteada ese tipo de inquietudes podemos acudir al circuito de nuestro flujo del dinero durante dicho mes, pudiendo detectar con objetividad en qué gastamos el dinero y de dónde y cómo provienen mis ingresos. Esta realidad nos permitirá realizar mejoras, estrategias y tomas de decisión significativas a la hora de administrarnos mejor.

Empecemos a entrenar el músculo de la administración, sabiendo que lo necesitaremos durante toda la travesía del viaje del dinero.

Administrarnos no depende de nada externo a nosotros, solo de ganas de conectar con nuestra realidad financiera. Muchas evasiones a este tipo de seguimientos son porque al realizarlo quedan en evidencia nuestros desvíos y nuestras compensaciones emocionales puestas al servicio de la gestión del dinero.

Anímate a empezar por este paso, hay muchos más que seguiremos aprendiendo.

(Llave) Saber Ahorrar

Ahorrar tiene tres acepciones en el diccionario que me gustaría destacar:

1. tr. **Reservar una parte de los ingresos ordinarios.**

2. tr. **Guardar dinero como previsión para necesidades futuras.**

3. tr. **Evitar un gasto o consumo mayor.**

Reservar, guardar y evitar parecen ser los verbos más destacados de su definición.

Lo llamo el triángulo de la buena seguridad:

Reservar parte de los ingresos ordinarios es una acción que es necesario incorporar. Como bien compartimos en el capítulo de "tu única ganancia es tu excedente", el primer principio de ganancia es el ahorro. Tener reservas, tener recursos que puedan respaldar el diario vivir y las contingencias que se presentan, es un indicador de abundancia. Si en nuestra percepción no empezamos a pensar en ahorrar, nunca será una realidad. El principio de ahorro comienza con una decisión de querer tener holgura, de sentirse merecedor, de tener respaldo y ganancia.

Guardar dinero como previsión para necesidades futuras, nos prepara con más seguridad para afrontar situaciones que de no tener recursos, podrían despertar en nosotros pensamientos y emociones de supervivencia que desenfocan y desesperan a cualquier persona. Pensemos más allá del dinero; cuando el dinero se acerca a los recursos de supervivencia, este bien ($) se vuelve vital para la vida, ya que si no podemos comprar comida, los indicadores de vida toman connotaciones de amplia relevancia. Es por ello que el dinero a veces se percibe como algo tan importante. De allí que muchas culturas que han migrado por causas mayores de su país de origen, debido a guerras y problemas de extrema razón, han hecho del ahorro una razón de vivir. Allí se buscaba la reserva por miedo a la falta, los primeros ahorros eran alimentos para vivir, luego dinero, y en momentos de despliegue, bienes.

Evitar un gasto o consumo mayor permite que en el acto de ahorrar se incorpore una razón de sensatez en el momento de gastar dinero. Si realmente se considera importante lograr ahorros, es necesario moderar los "grifos" de nuestros gastos, ya que como vimos en el capítulo de administración, mucha liquidez se pierde por compensaciones emocionales y/o por mala administración de nuestros bienes. Evitar un gasto con un criterio de sensatez es algo que necesitamos aprender. Esta actitud siempre tiene que perseguir un crecimiento de abundancia, ya que el ahorro basado en la carencia se vuelve muy hostil y restrictivo, ya que se basa en el temor.

Así fue viajando culturalmente el concepto de ahorro como un principio de seguridad que permite calmar "las aguas del hambre" y tener la seguridad que ante cualquier circunstancia, se tienen recursos para poder afrontar contingencias, y aunque no todas las situaciones puedan resolverse con esos ahorros, el solo hecho de tenerlos predispone a la persona a que afronte situaciones con más aplomo.

*¿Cómo sacamos al ahorro de la mirada
carente?
¿Cómo aprendemos a ahorrar?*

Como bien dije anteriormente, no depende de tener mucho dinero, depende inicialmente, de querer y sentirse merecedor de algo más.

El verdadero ahorro tiene un principio de abundancia y esa es la intención que necesitamos en primera instancia.

Los niños cuando juegan a ahorrar, les divierte y entretiene el hecho de ir acumulando un capital, que luego disfrutan para lo que realmente les interesa.

"Ahorran para el disfrute"

El ejercicio simple y seguro que podemos hacer para empezar a entender y vivenciar el concepto de ahorro, es proponernos **guardar durante 3 meses un pequeño monto de dinero**, que destinaremos para este ejercicio.

La consigna es no tocarlo, no usarlo, hacer de cuenta que no existe, solo guardarlo. Aconsejo para dicha tarea poner fecha y hora, logrando una especie de rito, en donde tomo esa porción de dinero y la "convierto" en ahorro.

Poner fechas para recordar acciones de valor, es importante para nuestro cerebro y nuestra percepción, ya que vamos fijando que esa acción empieza a ser necesaria. Empezar a acostumbrar a nuestros surcos neuronales, que eso que estamos practicando empieza a convertirse en una necesidad, es muy importante. (el ejemplo claro de esto que argumento son los perros de Iván Pavlov, fisiólogo ruso, premio nobel de medicina en reconocimiento de su trabajo en la fisiología de la digestión, y famoso por haber formulado el condicionamiento clásico), comprobó por medio de un experimento conductual, que se logra generar una acción de segregación hormonal asociada a un patrón y a una conducta.

Insisto, para hacer este ejercicio no es necesario tener mucho dinero, se puede hacer incluso con monedas, como hacen los niños; solo es necesario el acto para empezar a generar una nueva dimensión dentro nuestro, "la dimensión del ahorro".

Pasados esos tres meses, al encontrarnos con ese dinero, abro a la reflexión de que si pude lograrlo, puedo continuarlo. Y también emerge la emoción de querer gastar o invertir ese dinero en algo que nos gusta, como los niños.

Aquí caemos en nuestra enfermedad de "la clase media" que ahorra para darse gustos, y si bien es muy bueno gastar dinero en lo que nos plazca, hay que tener cuidado de no entrar en mecanismos de ahorro y gasto constante, porque a la larga nos costará que el capital de ahorro pueda crecer progresivamente, y con esa mentalidad, siempre solemos terminar en cero en nuestra alcancía.

Si pudimos tres meses, **les propongo ir por tres meses más**, cuando logren este nuevo punto acumulando de reservas durante seis meses, empezaremos a sentir que deja de ser un juego y empieza a ser una realidad, estaríamos empezando a desarrollar una capacidad que antes no teníamos.

Ahora bien, **el siguiente paso será durante el siguiente mes, intentar ahorrar una mayor cantidad de dinero.** Incluso en esta etapa sería bueno combinarlo con extraer ese diferencial de dinero, de alguna mejor administración de nuestro día a día, de algún esfuerzo, renuncia, y/o ganancia adicional que pueda generar para lograr este diferencial; teniendo este objetivo final, ahorrar una mayor cantidad de dinero, valdrá la pena para ejercitar un músculo que empieza a tomar cada vez más fuerza y consistencia en nosotros. Este es el principio de abundancia que vengo comentando, y por qué es un principio, porque sobre esta base empieza la oportunidad de comenzar a gestionar la abundancia, que veremos específicamente en el capítulo de "administrar abundancia".

Una vez que tengo una suma considerable, producto del ejercicio del ahorro, ocurre algo interesante en nuestro adentro; por primera vez tengo una pequeña sensación de holgura al tener una reserva producto de un esfuerzo consciente de aprendizaje. Luego, a partir de allí, se abren opciones muy diversas para realizar con el capital de ganancia.

Pasos Metodológicos:

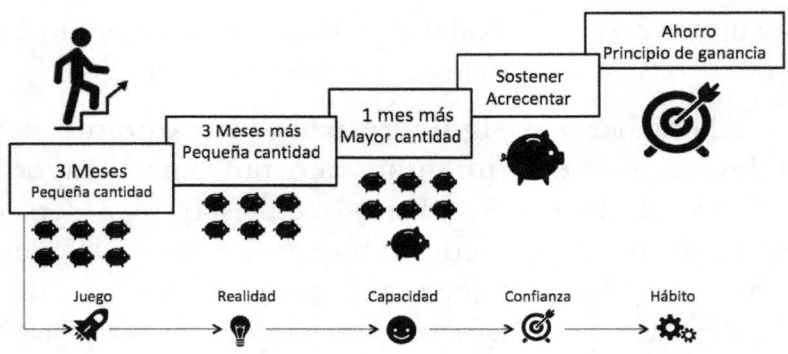

(Llave) Saber Invertir

Aquí llegamos a una llave más que relevante, ¿podríamos decir la llave de la abundancia?

Así se ve en el panorama de la riqueza, lo cierto es que cuando realizamos buenas inversiones nos enriquecemos. Las personas que logran manejar esta llave logran tener la experiencia de ver como su capital inicial aumenta considerablemente. Si entendemos al dinero como energía, es notable la sensación que se siente cuando la energía se duplica, cuando se engrandece. Es quizás por esta causa que muchas personas pierden el rumbo cuando aumentan de golpe su dinero, no saben cómo codificar la administración del volumen del mismo.

Lo cierto es que la inversión, lejos de ser un juego de suerte, es un campo de mucho análisis, estrategia y conocimiento.

El primer punto para comprender es que cuando uno invierte, lo realiza con un capital, que es producto de una ganancia propia o ajena.

El capital de ganancia tiene una historia, una fuerza, un peso en sí misma; es por eso que tiene valor y puede ser utilizado para influir positivamente en otro bien y recibir más valor por aportar en dicha inversión.

La ganancia, como bien lo describe el capítulo de administrar abundancia, tiene cuatro caminos a seguir (Ahorro, Disfrute, Dar, Inversión).

- **El Ahorro** es una reserva de valor que nos permite la seguridad psicológica y fáctica de poder sobrellevar contingencias.

- **El disfrute** permite la capacidad de tener medios para tener calidad de vida.

- **El "dar"** nos abre la puerta a ayudar a los demás, a devolver el bien recibido y saciar nuestras inquietudes trascendentes.

- **La inversión** tiene la exclusiva finalidad de aumentar el capital inicial; en donde la primera inversión, para ser un buen inversor, es invertir en aprendizaje.

¿Qué es invertir entonces?

Podríamos definirlo como "Emplear una cantidad de dinero, capital, en un proyecto o negocio para conseguir ganancias".

Es un mecanismo que acrecienta, que incrementa, que reverdece lo que ingresa en él. El triángulo de la inversión será el siguiente:

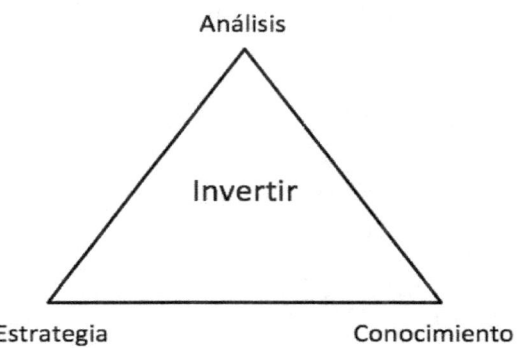

Estos tres conceptos son muy importantes para empezar a entender la mente de un buen inversor; tanto un inversor asertivo más innato, como alguien más estudioso en la materia, cuentan con estas tres dimensiones a la hora de invertir su capital.

Quien invierte bien siempre suele realizar un buen **análisis** del contexto y del objetivo de inversión, el análisis del potencial producto de inversión es determinante para empezar a enfocar con más interés el objetivo de la misma.

Si se invierte, por ejemplo, en un instrumento del mercado de capitales, el inversor analiza, en el caso de ser acciones, que la empresa de origen tenga fundamentales sólidos; también analiza el historial de los distintos movimientos de las curvas de la acción (análisis técnico), verifica el contexto sociopolítico y macroeconómico, para ver como el mismo puede influir en la bolsa de valores, y así influir en el objetivo de inversión, etc.

Si fuera otro tipo de inversión, por ejemplo, la compra de una casa, también influye el mismo criterio, el buen inversor deberá analizar la zona donde se encuentra ubicada, la calidad de la misma, su potencial con posibles mejoras, el nivel de rotación de la zona en el caso de venderla, etc. En ambos casos se analiza de manera concreta el tipo de riesgo que se quiere tomar. El indicador de riesgo es un elemento determinante para invertir y para definir el perfil del inversor.

Existe el perfil de alto riesgo; este, al tomar más riesgo puede en el tipo de producto que invierte, obtener más cantidad de ganancia. El perfil moderado mantiene una base conservadora, pero suele dejar un porcentaje de su capital (menor) para utilizar en inversiones de mayor riesgo. Y el perfil conservador, invierte en instrumentos más estables, que emite una ganancia de bajo rendimiento pero que puede regular en el tiempo y con buen respaldo de seguridad.

Otro elemento del triángulo del inversor es la **estrategia.** A la hora de invertir desarrolla una estrategia teniendo en cuenta el "para qué" de la inversión. En mi experiencia he comprobado que invertir sin objetivos claros, desorganiza los movimientos tácticos que se realizan, se toman malas decisiones y se pierde el foco de lo importante. Por ejemplo, si el "para qué" de mi inversión es obtener 200 000 dólares para comprarme una casa, e invierto en una acción que logra en un momento de su curva ascendente, darme esa ganancia; ese momento es el tiempo indicado para **retirar ganancia** y hacerse de dicho capital. Me ha pasado y he visto también en otros, que por esperar más ganancia en la tendencia alcista, no se retira el capital en el momento indicado, y al rato se desploma la acción, perdiendo la oportunidad que colmaba con creces el objetivo inicial.

El "para qué" es determinante. Estudiar aspectos accesorios, como por ejemplo temáticas impositivas, intereses, costos de abogados, trámites, profesionales, comisiones y demás aspectos, son de amplia importancia en el armado de la estrategia a poner en marcha.

Y el gran aliado para la asertividad es **el conocimiento**, cuanto más entendamos del rubro en el que estemos invirtiendo, mayor será el punto de asertividad. Es muy importante, en términos de finanzas, poder y saber pedir ayuda a profesionales que tengan conocimiento cabal de lo que realizan. Si bien es relevante que realicemos un consciente aprendizaje de todo lo que podamos, muchos tiempos se ahorran cuando invertimos en buenos profesionales que asesoran con sus conocimientos.

Con la pirámide de la inversión podemos entender en profundidad como observa la vida un inversor.

¿Cómo puedo comenzar a invertir?

Como todo aprendizaje, es importante comenzar de a poco y bien asesorado.

Si fuera a invertir en alguna acción en la bolsa de mercado de capitales; trataría de no dejarme llevar por tendencias de amigos e información trivial, salvo que conozcamos a algún conocido muy capacitado en el tema, buscaría una persona de conocimiento para pedir este tipo de asesoría. Tengamos en cuenta que cuando invertimos estamos poniendo en juego un capital ya logrado, quizás producto de mucho esfuerzo, y es importante ponernos en manos de gente competente para resguardar o minimizar el riesgo y también entender la proyección de dicha inversión.

Primer punto entonces, asesorarse, comenzar a invertir con pequeñas sumas de dinero, **tener la**

experiencia de la ganancia. Este punto es importante porque allí se rompe la creencia y el estereotipo de ganar con esfuerzo. Pensemos que cuando invertimos en acciones, por ejemplo, nos subimos a un tren en marcha (la empresa) y obtenemos dinero sin esfuerzo alguno. Este cambio de paradigma genera un antes y un después en la vida de cualquier inversor.

Otro punto relevante, como decíamos en párrafos anteriores, **es el retirarse a tiempo de la inversión.** Un buen inversor lograr el objetivo y sale del juego. Es siempre un buen indicador retirar ganancias, **tener la billetera con billetes, siempre genera pertenencia y confianza.**

Para la educación financiera llegar a la llave del inversor de manera consciente es casi "el objetivo", la última materia a rendir; ya que **el saber invertir** contempla en cierta forma el conocimiento de saber ganar, saber ahorrar y saber administrar.

En su faz psico-emocional el invertir está asociado al valor y cuidado que se le da al bien inicial, ¿cuánto se valora el fruto del propio esfuerzo que será puesto en marcha a la hora de invertir? El punto más destacable es que si aprendemos a invertir, comenzamos a ganar concretamente dinero, en este sentido se comienza a vivir más holgado, y no todos estamos dispuestos a tomar el riesgo de ese cambio.

Es por eso que, si se hace a consciencia, el riesgo y el vértigo que generan este tipo de realidades se puede realizar de manera gradual y con plenitud.

Anímate

Es importante llegar a la llave del inversor, permite tener experiencias que van sedimentando la confianza de quien la práctica.

Lo que suelo observar, es que la persona le va perdiendo el miedo al concepto de invertir, empieza a entender más de fondo qué implica, y se termina dando cuenta que es mucho más fácil invertir a conciencia, que quizás realizar trabajos más convencionales, con sombrero de "seguro", pero que implican un derrotero de energía mental y física que puede ser utilizada con **análisis, estrategia y conocimiento.**

Anímate, es un camino largo, pero que al comenzar abre un mundo nuevo en la forma de pensar el dinero y nuestras finanzas.

Los cuatro triángulos

Rescatando los elementos principales de las cuatro llaves, derivan 4 triángulos con conceptos centrales para tener en cuenta y desarrollar en la práctica.

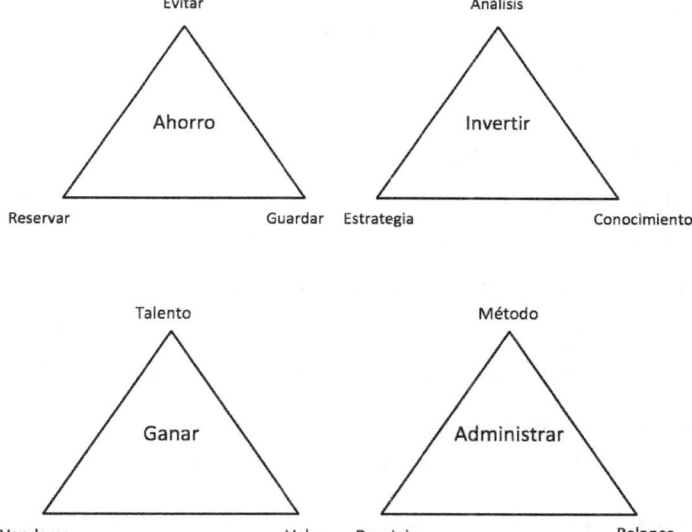

Manejar estos 12 conceptos advierte una salud financiera consistente. En el bloque metodológico generaremos integraciones de estos puntos de valor que muestran un mapa claro a realizar en el uso de estas 4 llaves maestras.

Tu ganancia siempre es tu excedente

$

Ganancia

Una persona, hoy muy allegado y amigo, que en su momento recibía en consulta por una temática específica, me dio la clave de lo que les voy a comentar a continuación. No solamente me facilitó una llave que me cambió la **perspectiva**, sino también, me hizo experimentar en la realidad lo que me quería explicar ante una pregunta que yo con toda sinceridad le abrí una tarde en mi oficina.

Conociendo su vida y su historia, con la cual trabajamos en su desarrollo personal, había observado que su actividad financiera había crecido mucho.

Su proceso de consulta ya estaba concluyendo, estábamos en las reuniones de cierre y de balance, recuerdo todavía esa tarde, de frío otoñal en Argentina.

—¡Qué bien me siento! —expresó feliz al saludarme.

Se observaba en él, serenidad y gratitud. Comenzamos una conversación más distendida, y si bien no era el foco de la temática, me animé a preguntarle algo que me inquietaba, que me nació casi espontáneamente.

—Me gustaría preguntarte: **¿Cómo "pensás" el dinero?**

Quizás, ahora que lo reflexiono, me sentía identificado con su vida, y había un reflejo de proyección que me motivó a realizarle tal pregunta.

—¿Querés que te enseñe? —me respondió mirándome fijo y sonriendo. Era como si ya supiese que un día le haría esa pregunta.

—Sí, por supuesto.

Me descolocó su respuesta, pero "retruqué" rápidamente. Se respiraba una complicidad muy particular en el ambiente, parecía por un momento que se cambiaban los roles.

—**Empecemos ahora.** ¿Te animás?

—Dale.

Tomé aire, me acomodé en mi asiento, me sentía un espectador a punto que comenzara una película. Claramente percibía que iba a salir de mi zona de confort.

—Lo que vas a entender con todo esto es que… TU GANANCIA SIEMPRE ES TU EXCEDENTE, si no entiendes este punto, nunca vas a ganar. Comencemos…

«*La ganancia es mi "excedente"*, comenzaba a reflexionar».

—Para esta capacitación práctica, solo tendrás que invertir 250 pesos argentinos. —En ese momento eran 4 dólares aproximadamente.

—¿Y para qué son estos 250 pesos?

—Tranquilo, vamos por partes. Para aprender tenemos que serenarnos. Observé que te compraste hace muy poco tiempo un automóvil que esta impecable ¿querés venderlo?

—No, si recién acabo de comprarlo.

—Punto aprobado, **no querer vender, o no tener apuro por vender el bien al cual le quiero sacar una buena ganancia.** Ahora te voy a decir qué hacer con esos 250 pesos.

Luego con calma comenzó a explicarme cuatro pasos que debería seguir:

El primer paso era sacar buenas fotos con mi teléfono al automóvil, como si lo fueras a vender. Las fotos de algo para vender siempre deben tener un **contexto adecuado** que inspire calidad, buen cuidado. «*El marketing e impacto visual es el primer paso en ventas*».

El segundo y tercer paso es siempre ser exacto, y claramente entender dónde vender, por lo cual consistía en usar estos 250 pesos en publicitar el auto en un sitio internet (mercado libre) con un lugar destacado para tener difusión.

El cuarto y más importante paso, es que será publicarlo **un 25% más caro de lo que sale en el valor promedio de mercado.**

—¿Y quién me lo va a comprar a un 25% más? — pregunté con asombro. Sonrió con cierta ironía.

—¿No era que no querías venderlo? Haz lo que te digo, entrégate a la experiencia para aprender.

Esa tarde hasta allí llego la primera fase. Hice paso a paso todo lo que me indicó, en 3 días tenía publicado a la venta el automóvil que recién había comprado. ¡Una locura!

Me preguntaba si iba a recibir alguna consulta. Al cabo de algunos días comenzaron a llegar interesados, algunos querían permutarme el automóvil por otro, otros tomármelo como parte de pago para un terreno o casa, otros me preguntaban cuál era el diferencial que justificaba su precio, etc. En fin, mi idea de que no llegarían consultas era una *creencia limitante*, los interesados estaban dispuestos a preguntar; comencé a reflexionar que **un buen precio siempre atrae**.

Llamé a este amigo para compartirle que me estaban haciendo consultas por la venta.

—Te dije, tranquilo, venimos bien.

—¿Qué hago ahora?

—Nada; o mejor dicho, seguí escuchando propuestas, **tu poder hoy, es que NO quieres vender el automóvil** —me contestó sonriendo con su explicación.

Pasaron dos semanas y me ingresó una llamada a mi celular, no suelo atender llamadas de extraños, pero ese día atendí. Era una señora interesada por mi automóvil. Luego del saludo, me indica:

—Si el automóvil está en las condiciones que describe el anuncio, se lo compro al precio publicado; prefiero pagar más y adquirir un buen bien. —Me dice de manera concreta y con autoridad—. Si le parece bien me gustaría ir a verlo en el día de hoy.

—Señora, gracias por su ofrecimiento, permítame llamarla en 10 minutos. —No sabía bien que decirle.

Rápidamente llamé a esa altura a "mi mentor comercial" y le comenté la situación.

—Bien. Ahora vamos por más… ya con la oferta en mano vuelvo a preguntarte ¿querés venderlo? —Me volvió a descolocar la pregunta—. Si lo vendés a un millón de pesos, luego te podés comprar el mismo automóvil a 750 000, que es el valor de mercado, ¡obtenés una ganancia de 250 000 pesos! ¿Qué te parece?

—¡Estás del tomate! —En ese momento sentí una energía que me incitó a seguir adelante.

Me cité con la señora, vino con la seña y a los 4 días el automóvil estaba vendido y transferido.

¿Y ahora qué?

Al siguiente encuentro con mi "mentor comercial" me felicitaba diciéndome que la primera fase había sido aprobada. Por mi parte, ya había investigado la posibilidad de compra del mismo modelo de automóvil y estaba contento con lo que había vivenciado. Me había ganado 250 000 por lo aprendido.

—¿Vamos por más? —Volvió a mirarme fijamente con su tono de voz desafiante.

—Dale —respondí intrigado por la situación.

Había incorporado una habilidad importante, **muchas veces decir que SÍ abre muchas puertas**.

—¿Qué automóvil te gustaría comprarte? —me interrogó seriamente.

—El mismo, como habíamos quedado.

—**Pensá en grande**, ¿qué automóvil quieres ahora?

Hubo una pausa, un silencio. Con dudas pero con curiosidad le compartí que me gustaría un modelo de Toyota que había estado viendo, pero que no llegaba con el dinero que tenía al valor de mercado.

—Sabía que ibas por más. ¿Quién te dijo que lo vamos a comprar al valor básico del mercado?".

—What? —Comenzaba a reflexionar si este mentor amigo había perdido la cordura. «Está loco».

Inspirándome con mucha seguridad me comienza a explicar que ingrese al mismo portal de internet (Mercado Libre) y que busque el modelo de Toyota que quería comprar y que les oferte a todos los candidatos un 20% menos de lo que piden.

Mercado

Hay que entender que en el mercado siempre hay compradores que necesitan vender rápido por algún motivo, y que esa venta rápida les resuelve un punto que necesitan solucionar; las ofertas les permiten acceder a su solución. **Este tiene que ser el pensamiento y la mirada para que la actitud siempre sea ganadora**, entendiendo todas las reglas del juego de este mercado y de cualquier mercado.

Hice lo que me indicó, y a los 15 días me había comprado el Toyota que tanto anhelaba, con la particularidad que lo había adquirido un 20% más bajo del valor promedio de mercado.

Aprendizaje

Aprendí a **negociar en alta** (a defender el bien que uno tiene), no apurarse, tener la firmeza para esperar la oferta adecuada, la que estoy buscando.

También aprendí a **negociar en baja**, pudiendo entender cómo se mueven verdaderamente los mercados de intercambio de bienes; cómo las necesidades integrales de los compradores y vendedores, generan un sinfín de oportunidades a la hora de querer lograr lo que uno quiere conquistar.

Entender las reglas del juego me sacó muchas creencias limitantes, que no me permitían defender y cotizar mis bienes en alto valor, y tampoco entender y poder negociar, persuadir y capitalizar oportunidades que ofrece el mercado de intercambios.

Pero lo que rescato, como más importante en esta experiencia, es dejarme llevar por el impulso de preguntarle a este amigo con sinceridad lo que necesitaba, **ese "baño de humildad" abrió la puerta a todo lo demás**.

Quizás muchas personas están dispuestas a enseñarnos y ayudarnos, somos nosotros los que necesitamos ponernos en situación de aprendiz para recibir la abundancia que nos está esperando.

Hoy en día, cada vez que me encuentro con mi amigo, compartimos lo importante que fue aquella experiencia para mí, en lo que hace a mi educación financiera; y él suele compartir que era lo mínimo que podía hacer, luego de la ayuda que había recibido en su proceso de desarrollo personal.

El equilibrio vuelve a manifestarse aquí como un indicador de abundancia, en donde cuando uno recibe, tiende a corresponder generosamente con el bien recibido.

Y así sigue la rueda, compartiéndoles esta experiencia que abrió mis ojos en aquella oportunidad, y que llenó de actitud y entusiasmo mis ganas de seguir creciendo.

Si el tiempo no te alcanza, estás en carencia

$

Tiempo

El tiempo de vida no se puede recuperar. Por lo tanto, quien no administra bien el tiempo pierde calidad de vida. Es una temática de grandes vértices para analizar. Los invito a revisar en los anexos al libro, un capítulo del libro (*Abrite Camino*) de mi autoría, en donde profundizo la importancia de entender el tiempo lineal y el tiempo subjetivo.

Volviendo al tiempo con relación al dinero y la abundancia, quiero destacar que lo entiendo como **un indicador** desde donde podemos medirnos y reflexionar si estamos "restringiendo tiempo o ampliando tiempo".

Tiempo restringido

Cuando el tiempo a nivel lineal o subjetivo lo sentimos muy restringido, tenemos la sensación de que no alcanza; muchas veces "el tiempo nos corre", "nos ahoga", "nos gobierna". Percibo que entienden lo que les digo, el 80 % de población mundial vive con estas sensaciones. Desde esta percepción del tiempo, la calidad de vida es carente; incluso personas con mucho dinero son los que más sufren esta "enfermedad del tiempo". Aquí falla algo en la base, en cómo se encauza la conquista de la sensación de libertad y felicidad. Muchas veces pensamos que si tuviéramos dinero todo sería diferente, si bien muchas perspectivas cambian, los patrones que nos hacen "libres o esclavos" viven en nuestra realidad psico-emocional y perceptual, no en vano dedicamos la primera parte de este libro a profundizar desde dónde significamos el dinero.

Las compensaciones emocionales que realizamos en pos de una quimérica libertad, "si tuviéramos más dinero", hace que nuestro tiempo quede restringido a dicha pretensión, que no hace más que dilatar, justamente en el tiempo, la posibilidad de aprender verdaderamente cómo se logra una vida amplia y abundante.

Conozco personas muy capaces e inteligentes, que nunca tienen tiempo para nada, ni siquiera para contestar un llamado telefónico o un WhatsApp. Tomen este punto como un indicador de abundancia o carencia.

Quien siendo activo, tiene tiempo, es una persona que seguramente tenga una vida amplia (pilares de abundancia).

Ampliando tiempo

Cuando el tiempo se amplía, aparece el domino del mismo, la persona parece decidir qué hacer, elige entendiendo y distinguiendo lo importante de lo superfluo (prioriza). Nadie nos corre, porque somos los impulsores, a partir de nuestras decisiones.

Aquí aparece plenitud anímica, cuando una persona atiende las necesidades importantes que rigen su vida, acomoda el tiempo a esas prioridades y acciona en consecuencia, generando congruencia entre lo que quiere y hace, y siempre decide a partir de ellas. Lograr este esquema permite ser protagonista y responsable de nuestro tiempo.

Esta persona vive de manera abundante, el tiempo está asociado a sus bases, a lo que considera importante vivir, en esta cinta transportadora de experiencias, que es el tiempo.

Práctica

De 0 a 10, ¿cómo vives tu tiempo?

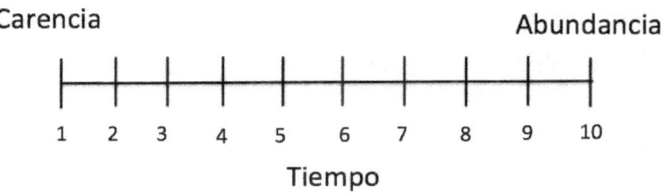

Reflexiona al respecto:

¿Dominas el tiempo?

¿El tiempo te ahoga?

Escribe en tu bitácora tus respuestas.

Reflexión

Intenta rediseñar tu administración del tiempo, basándote en "lo importante", las verdaderas razones que mueven tu vida. Puedes guiarte con los 4 pilares de la abundancia para replantearte distintos aspectos en donde pueda haber tiempo dedicado y elegido. Escríbete un mapa de actividades, que insuman tiempo, pero que representen bases importantes para ti.

Registra cómo te sientes cuando tu vida se hace coherente. Este registro genera plenitud y "aire para subir otro escalón más".

La administración del tiempo es uno de los pilares de la gestión del dinero. Me gustaría compartir hábitos concretos que te ayudarán en la vida cotidiana:

Usa bien el tiempo, no lo desestimes con actividades sin valor.

No te dejes atrapar por las continuas interrupciones de dispositivos. Tú tienes el control de ellos, no al revés. Sé atento, responde todos los mensajes. He aprendido que generalmente la gente con abundancia contesta todos los mensajes que le interesan y que recibe. El no recibir una respuesta significa que no hay interés. En cambio, en personas de carencia, responden en forma tardía. ¿Cómo te sentirías si vas a un restaurante y te traen la comida 3 horas tarde? ¿Por qué te enojas con esta tardanza, y cuando un colega, amigo o familiar te escribe y tarda días en contestar?

Es importante que seas directo con el tiempo, no le des vuelta, no intentes engañarlo con tretas. No tiene sentido ponerse el despertador a una hora y luego tener la costumbre de "dormir" media hora más. El cuerpo no funciona así, simplemente has interrumpido un buen sueño, para tener un mal sueño durante media hora. Cuida tu cuerpo y cuida tu reloj, sé puntual, no pierdas el tiempo. Aprovecha la mañana, duerme tus 8 o 9 horas diarias en forma íntegra con un verdadero descanso.

Ser puntual contigo y con los demás, es base de un espíritu de abundancia.

Aquí me detengo y quiero compartirte que la abundancia se trata de ser generoso con tu tiempo, y la carencia se trata de ser avaro con él. Piénsalo. Puedes decirme que te cuesta administrar el dinero, pero ¿el tiempo? Todos tienen la misma cantidad de minutos cada día, 1.440 minutos. Sé un protagonista, no una víctima del tiempo.

Administrando abundancia

$

Administra tu futuro

Como bien venimos aprendiendo, la administración es clave para nuestro kit en nuestras 4 llaves de un rico.

Una manera de administrar es gestionar con sensatez, minimizando compensaciones emocionales nuestros costos fijos. Esta administración, como bien compartimos en capítulos anteriores, nos da seguridad y confianza a la hora de saber, a donde van verdaderamente nuestros ingresos y egresos. Dominar este control de "grifos", suele generar estabilidad emocional y "ganas de ir por más". Cuando nos ordenamos en este sentido, sentimos un estímulo por afrontar nuevos aprendizajes.

La otra manera de administrar, que les quiero presentar a continuación, es la que nos va a permitir administrar nuestros excedentes, o sea nuestras ganancias.

Presento a continuación un recurso práctico que permitirá ordenar y simplificar la práctica de cómo administrar abundancia.

Los 4 Chanchitos (Alcancías)

Estos serán nuestra excusa para incorporar un concepto que puede verdaderamente cambiar nuestra manera de **administrar calidad de vida.**

Seguramente a alguno de nosotros puede movilizarnos el recuerdo de nuestra infancia, tiempo en donde se acostumbraba a regalar una alcancía, para estimular el hábito del ahorro desde pequeños. Recuerdo que solían ser de porcelana. Cuando se decidía utilizar dichos ahorros para algún objetivo, había que romperla; todavía escucho el ruido contra el suelo y la sensación de felicidad al acceder al puñado de monedas y algunos billetes, que permitían comprar lo que soñábamos.

El concepto de ahorro está fuertemente instalado en la cultura, como comentábamos en capítulos anteriores, contiene conceptos asociados al esfuerzo, la disciplina, la constancia; y la frase de tradición instalada, de que los "ahorros no se tocan", salvo en situaciones de emergencia.

Si bien al principio no me cerraba esta idea, de que los ahorros no hay que tocarlos, hoy con el criterio de "los 4 chanchitos", comparto y coincido con dicha afirmación, a la que le pondremos en breve fundamento.

Recordemos que la abundancia, según nuestro análisis y experiencia se basa en 4 pilares.

| **Física** |
| Salud biológica |

| **Anímica** |
| Mente - Emoción |

| **Espiritual** |
| Trascendencia |

| **Financiera** |
| Holgura |

A la hora de administrar abundancia, estos pilares deberían estar representados, y de eso se trata el recurso al que estamos arribando.

Aquí, introducimos 4 conceptos fundamentales desde los cuales vamos a administrar nuestra ganancia, siempre con el *norte claro* de generar abundancia, buscando el equilibrio necesario para ir priorizando necesidades y expectativas.

Ahorro (Alcancía)

El ahorro es un bien que nos "permite dormir tranquilos". La finalidad de los ahorros es tener reservas, que nos posibiliten afrontar dificultades e imprevistos que puedan presentarse.

El ser humano tiene un instinto de conservación, que también infiere en nuestra vida anímica y que siempre debemos tener en cuenta; a ese instinto, que es como un león hambriento, necesitamos tenerlo bien alimentado, ya que si las necesidades básicas se ven amenazadas de manera real o imaginaria, podrían levantarse pensamientos de preocupación y de temor que dificultan las miras de crecimiento y la proyección de futuro.

Esto ocurre a nivel biológico también, tenemos un área del cerebro que se llama hipotálamo, que justamente trabaja en este instinto de conservación frente al peligro, liberando un sinfín de hormonas para defendernos. En dicho estado de nuestro sistema nervioso (simpático) es muy difícil sentir abundancia. Por lo tanto el dinero que se encuentra en los ahorros **"no se toca"**, de esta manera el león del instinto siempre está alimentado.

Inversión (Alcancía)

El dinero de la alcancía de inversión está destinado al aprendizaje, con la finalidad de "reverdecer" y conquistar ganancias del capital invertido. Está destinado al aprendizaje porque justamente para saber invertir hay que prepararse, educarse, arriesgar, muchas veces ganar y también perder para ir aprendiendo.

El dinero de esta alcancía puede perderse, y no debería afectar tanto el ánimo. Este dinero ya tiene que ser gestado desde esta finalidad de riego y aprendizaje.

Dar (Alcancía)

El Dar es la necesidad que tiene la persona de devolver a los demás, a la sociedad, parte del bien recibido.

Aprender a Dar no es nada fácil; no es solamente meterse la mano en el bolsillo, el verdadero Dar requiere entender empáticamente que es lo que el semejante necesita concretamente y poder brindar algún recurso que siempre garantice un bien para esa persona.

La acción generosa de brindar recursos a otros suele generar sensaciones muy agradables en quien lo practica. Lo cierto es que la gente muy adinerada tiende a donar recursos a causas de valor.

Empezar a administrar dinero para donar, es bastante revolucionario, pero es solo una cuestión de proponérselo.

Disfrute (Alcancía)

El dinero del disfrute es generado justamente para emplearlo en todo aquello que implique calidad de vida. Cada persona decidirá qué aspectos son los relevantes para sentir que está disfrutando (viajes, indumentaria, inmuebles, experiencias, etc.). Destinar dinero a este punto es central. Nuestro ánimo se siente muy estimulado cuando disfruta. El disfrute a nivel biológico genera un estado de serenidad, que permite, en su justa medida, momentos de mucho despliegue y campo propicio para proyectar nuevos horizontes.

Administrando alcancías

Para administrar saludablemente estas alcancías es importante que la ganancia gestada tenga la concepción de que esa suma de dinero va a ser divida en cuatro partes iguales; y que cada una de esas partes va a tener una función y finalidad específica. Es importantísimo que la ganancia se geste desde esta concepción y actitud.

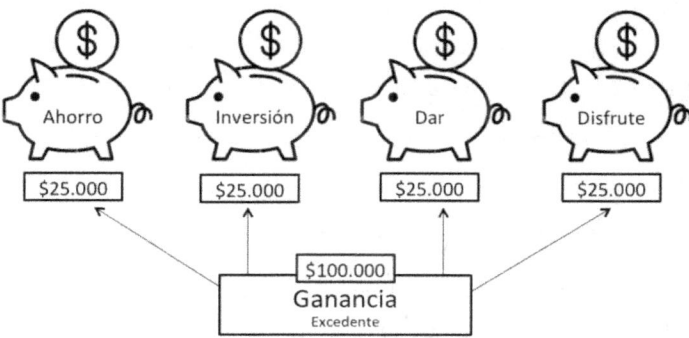

Estamos muy acostumbrados a que toda la ganancia se dirija a la alcancía del ahorro; y si somos muy aficionados a no tocar los ahorros, nos quedamos sin dinero para disfrutar, invertir y Dar (así viviendo con ahorros, vivimos en carencia). Ya hemos visto como surgen estos desequilibrios en el capítulo de las 4 llaves de un rico (saber ahorrar, administrar, ganar e invertir). Es por eso que el "desde dónde" lo hagamos, será clave para que cada liquidez ($) tome el cauce de abundancia para el cual fue creado.

Observando el gráfico, se ve de manera clara cómo administrar la ganancia en 4 partes iguales, aunque muchas veces la alcancía del DAR es de un 10% o 15%; solo en personas muy abundantes llega al 25% indicado.

Recordemos entonces: el ahorro "no se toca" (destinando a conservar el instinto). La inversión, dinero destinando para aprender a acrecentar mis bienes. El Dar devuelve al semejante y la sociedad parte del bien recibido; y el disfrute, dinero destinando para ampliar nuestra calidad de vida.

Práctica

Les aconsejo de manera concreta empezar a administrar sus excedentes de esta forma, no es necesario comprarse 4 alcancías, aunque muchas veces ese gesto representa un rito de anclaje para lograr este tipo de cambios. Cada una de estos "chanchitos" representan un concepto arquetípico para incorporar y asimilar; y puede estar representado en un Excel, en un App, en un cuaderno, en una pizarra, en donde puedan ir teniendo un registro y seguimiento de la administración de esta liquidez.

Este ejercicio consolida la importancia de seguir reeducando a nuestra percepción en el verdadero concepto de ganancia, siempre recordándole a nuestro cerebro los nuevos conocimientos a incorporar, si es que realmente queremos seguir subiendo escalones.

La deuda del que pierde y del que gana

$

Viviendo Deuda

La primera reflexión para compartir es que la deuda es producto y resultado de un crédito.

Antes de tener deuda siempre alguien confió en nosotros, se nos entregó un crédito del valor y allí es donde adquirimos lo que entendemos como deuda.

Para los países sudamericanos el concepto de deuda no tiene buenas repercusiones, ya que en estas latitudes y culturas, en términos generales, no siempre se ha hecho buen uso de este recurso; pudiendo generar situaciones en donde la deuda se trasforma en un calvario.

Estas situaciones ocurren porque en oportunidades se adquiere crédito-deuda sin mucho previo análisis de lo que implica todo el proceso que se experimenta para poder saldarla; pero la gran mayoría de los casos, se contrae deuda para poder salir de situaciones apremiantes, en donde ya se debe, y se monta por encima de esa situación, otra deuda para salir de la deuda. Aunque parezca un trabalenguas y algo ilógico, hay culturas y personas que viven de deuda en deuda. Por lo general este sistema de accionar mantiene a quien lo experimenta en un estado interno de ansiedad y carencia, debido a que esa sensación de estar por debajo de la línea de flotación promueve que la supervivencia se active, generando dichas sensaciones de emergencia. De esta explicación deriva que personas tengan significada "la deuda como algo negativo".

Deuda Mala

Este tipo de deuda es de la que venimos compartiendo en el párrafo anterior. Es un recurso de crédito que se obtiene para poder salir de alguna situación apremiante, y que por falta de previsión en cómo será saldar dicha deuda, genera sensación de carencia y labilidad en quien la experimenta. Este tipo de deuda toma todas las clases sociales, se observa en las familias con bajos recursos, que necesitan pedir crédito-deuda para seguir viviendo, pero también se observa en clases más pudientes, en donde la mala administración de sus bienes, los ponen en situaciones apremiantes, y tienen que recurrir a la deuda para compensar su mala gestión del dinero. Hay mala administración de base, no resuelven el problema, y viven una y otra vez en ese mecanismo.

Desde ya que también se ve con mucha objetividad en los sistemas políticos de muchos países, que debido a sus malas administraciones y corrupción viven endeudando futuro, e intentan acomodar el presente con créditos-deuda de corto plazo, que no hacen más que complicar más el panorama.

Deuda Buena

Esta deuda me gusta definirla como una oportunidad.

Todavía recuerdo con mucha gratitud, cuando en mi juventud quería comprar mi primer automóvil, y había podido ahorrar un 40% del valor del mismo. En mi mente hacia una proyección lineal del tiempo que me costaría generar el 60% restante, y me angustiaba saber que el tiempo era extenso, en base al salario que tenía en ese momento; recuerdo cómo me angustiaba esa sensación de querer algo, y tener que esperar demasiado tiempo para obtenerlo.

Mi hermano mayor, que conocía de mi deseo, me dijo con total soltura, ¿por qué no pedís un crédito personal? y lo vas pagando con el margen de ahorro que hoy tenés; y de esta manera obtener el bien ahora y te comprometés a pagarlo en el tiempo.

Todavía recuerdo la felicidad que sentí, al entender que de esa manera, pidiendo crédito y tomando deuda, lograba lo que quería en tiempo y forma. Allí experimenté como la deuda se transformaba en una oportunidad, y como ese mecanismo permitía cumplir expectativas de abundancia que tenía en ese momento. Este ejemplo recrea lo que significa la deuda buena, la que nos abre posibilidades y lejos de ponernos en situaciones apremiantes, nos permite avanzar en nuestro crecimiento utilizando un mecanismo adaptado a la realidad económica de cada caso, en donde su debido cumplimiento, nos permite lograr lo que anhelamos.

Es importante entender que para adquirir deuda buena, hay que realizar un consciente análisis de cómo se van a afrontar las porciones de deuda que se irán pagando en el tiempo, y también analizar qué tan solventes somos, en términos financieros, para que entidades de créditos, y/o personas nos otorguen un préstamo, o sea que confíen en nosotros.

De este análisis y equilibrio dependerá en cierta forma, si lo que estamos adquiriendo es deuda buena o deuda mala.

El que gana y el que pierde

El que gana, o sea el que genera excedentes de valor, siempre utilizará la deuda como elemento de una estrategia más grande.

Parte de la estabilidad emocional y financiera, para poder construir una estrategia, en donde **la deuda buena es un puente que le permite lograr la holgura** que está planificando con entusiasmo.

La deuda del que pierde suele partir de bases de carencia, en donde el suelo, los pilares emocionales y financieros son muy inestables; desde ese panorama es lógico pensar que los pedidos de crédito-deuda irán por un camino más complicado, de caos y poca consistencia.

Todo se basa en deuda

Esta afirmación sucede después de varias reflexiones asociadas al mundo del dinero y también en términos existenciales.

Por ejemplo: muchos instrumentos técnicos de inversiones funcionan bajo el patrón de la deuda, utilizándola como puente de crédito y confianza que se deposita en ciertos bienes. A nivel personal existencial también sucede algo similar con la oportunidad de vivir. Todavía recuerdo una frase de mis padres diciéndome: "Nosotros colaboramos para darte la vida, ahora tienes una deuda con la creación para dignificarla".

Es importante que podamos entender el concepto de deuda con contenido y conocimiento, ya que es un medio y recurso muy importante para crecer, expandirnos y lograr abundancia.

Tú escribes el futuro

$

El futuro todavía no está escrito

Días atrás escribía en un artículo la siguiente frase:

"No busques tanto hacia atrás, arriésgate a encontrar lo que viene".

Si bien me gustó la frase que pude reflexionar y expresar, aún la veo un poco restringida, ya que al querer encontrar lo que viene estoy asumiendo que hay un destino determinado.

Voy por más; en base a lo que compartimos y algunas otras premisas que trae la ciencia con relación al átomo, que desarrollan con elocuencia algunos científicos cuánticos, el ser humano tiene un mundo de posibilidades a sus pies, que puede elegir a consciencia y de manera voluntaria. Esta realidad comprobada hace que nuestro destino lo escribamos cada uno de nosotros.

Quiero alejar de mi reflexión todo pensamiento mágico que haga pensar que por el solo hecho de proponernos algo, lo lograremos. Invito a la sensatez de saber que tenemos que prepararnos para que algunos desplazamientos ocurran, pero sí es cierto, que cuando se combinan un propósito sentido y superador, con una proyección mental coherente con ese objetivo, y se pone en marcha nuestra voluntad ejecutando también algunos movimientos del "hacer", pareciera como si algo "mágico" ocurriera presentando un mapa de sincronicidad que parece materializar el sueño, o el propósito que dio origen a todo el movimiento.

Diseña tu futuro

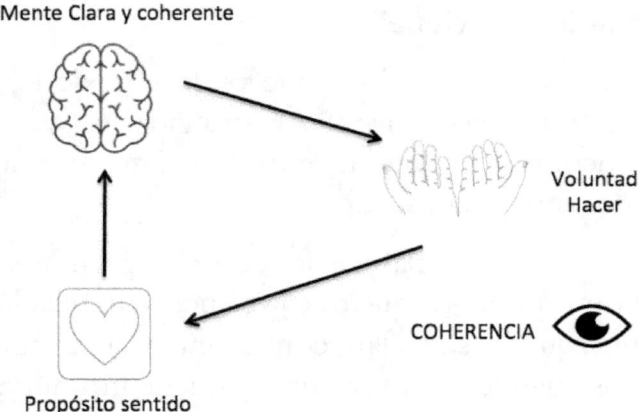

A esta altura no importa de dónde vienes, lo más importante es a donde quieres ir.

Empecemos a diseñar ese futuro ahora. Cuando digo **"diseñar ahora"** me refiero a la posibilidad de elegir realmente qué quieres, cómo quieres vivir, con qué perspectivas, con qué holgura y plenitud.

Anímate a diseñarlo en tu mente, describe y saborea todo tipo de detalles, sostiene la intención y atención; cuando intentes hacerlo acudirán pensamientos intentando distraerte, sacarte de tu mejor escena, "lo que estás pensando no tiene que ver con tu realidad", "nada de lo que estás imaginando es posible", voces de tu pasado siempre estarán hablándote.

Es normal ese tipo de diálogos, lo trágico es cuando ese diálogo no existe y tus condicionamientos del pasado regulan tu vida.

Abre la posibilidad a crear tu vida.

La imagen que pongas en tu retina mental es muy poderosa, igualmente tendrá que sustentarse en un anhelo real y profundo de querer lograr esa vida que sueñas.

Para cambiar de página tu vida necesitarás valor, el vértigo acudirá a tu puerta para demostrarte que el cambio se acerca, si estás intentando aprender, no temas, el vértigo no es más que un indicador de que has entrado en zonas nuevas.

Abrázate a la posibilidad de que lo que sueñas ya existe en ti, solo es un paso nuevo para encontrarlo.

Síntesis 3

3ra Parte: APRENDE

- **Educación financiera**. Entender el "por qué" de capacitarse 📖
- 4 Maneras de **vivir el dinero** 📊
- **Las 4 llaves** que encierran el dominio del $ 🔒
- Historia de valor, **Anímate a preguntar** 💬
- La importancia de **tu tiempo** 🕐
- **Administra tu abundancia** (alcancías) 🐷
- La **deuda de crecimiento** 📈
- **Se valiente**, Diseña y conquista tu futuro 🚀

Esta PARTE 3 del libro se trata de aprender, de adquirir conocimientos por medio del estudio o de la experiencia. Aquí quiero detenerme; la administración del dinero requiere un conocimiento práctico, no sirve solamente el conocimiento académico.

Cuando pierdes dinero en un negocio, muchas veces no lo pierdes, se ha invertido en experiencia, y el balance de que valió la pena (la experiencia) es lo que determinamos como valor del dinero. Si tuvo valor, valió la pena. ¿Entonces? dedícate siempre a HACER acciones que te gusten y de valor. Cuando algo no te guste o no tenga valor, ahí si estás perdiendo el dinero.

El primer paso de esta sección es la educación financiera, es importante entender el principio de una tasa de interés (si quieres saber más sobre la comparación de tasas reales ajustadas por inflación te recomiendo leer a FISHER), pero al principio es importante que conozcas lo que es el ahorro, un presupuesto, una deuda, las tasas, dividendos, inversión, diversificación, activos, pasivos, rentas, riesgos, recompensas, índices, rendimientos y otros conceptos que te he compartido.

Me gusta citar a Robert Kiyosaki, es importante entender el flujo del dinero, cuándo entra y cuándo sale. Comprar una casa de 400 000 dólares tiene un mantenimiento anual distinto a oficinas por el mismo valor económico. Es importante entender cuándo generamos dinero en forma recurrente con nuestro cuerpo (empleado o auto empleado) o cuando tenemos otras formas de llegar a él (dueño, inversor).

De la misma forma que cuidamos nuestro cuerpo, entre otras cosas midiendo la fiebre, nuestras inversiones también tienen un termómetro, pero emocional.

Saber ganar, saber ahorrar, saber administrar y saber invertir se transforman en llaves de negocios, llaves emocionales, llaves que abren puertas.

Por sobre todo necesitamos coraje, definido como la impetuosa decisión y esfuerzo del ánimo, nuestra valentía. En este libro hablamos del ánimo y de la falta de él. Me gustaría compartirles como síntesis que tener valentía es cuidar nuestro ánimo y las bases para ello son el saber aprender, estar siempre activos.

PARTE 4 ¡Practica!

¡Desarrolla hábitos!

La idea es ser prácticos, no filosofar ni hacer grandes reparaciones académicas, pues hay un refrán que dice que el filósofo es aquél que da consejos a otros acerca de dificultades que no ha experimentado.

La experiencia práctica *es una de las bases de la sabiduría.*

Metodología para cambiar

$

Mecanismo de cambio

La metodología presenta, en base a este libro, la oportunidad de generar cambios concretos en lo que refiere a la educación financiera.

Para ello, el método consta de 4 pilares fundamentales:

1. **Revisar:**

   La revisión permitirá durante todo el proceso la posibilidad de mantener una atención consciente para poder re-mover creencias, pro-mover aprendizajes y poder con-mover oportunidades que nos permitan lograr patrones de abundancia.

2. **Accionar:**

   La proactividad será un indicador y una actitud primordial para disponer la energía para aventurarse a vivenciar cambios. En la acción se derriban muchos prejuicios y se prueban las fuerzas, las propias fuerzas.

3. **Aprender:**

La necesidad concreta de incorporar conocimientos que permiten entender y comprender nuevas posibilidades y herramientas. Sin un proceso de aprendizaje (3 cerebros) es imposible cambiar.

4. **Practicar y desarrollar hábitos:**

La práctica, el entrenamiento será lo más entretenido y lo más concreto. Lo que realmente delimitará nuestros avances y nuestras brechas por recorrer. Los hábitos serán lo que determinarán nuestro logro, nuestra nueva identidad, nuestro cambio sostenible.

Abordaje metodológico

Método

```
Revisión y Aprendizaje        Práctica              Seguimiento

      Objetivos              Los tres cerebros
                              Neocortex                Constancia
      Acciones                  Pensar
                               Límbico                 Hábitos
      Procesos                  Sentir
                                                     Sostenibilidad
      Tiempo                   Cerebelo
                               Asimilar
```

El abordaje del método permite una etapa de **"revisión y aprendizaje"**, en donde se desaprende y se aprenden nuevos conocimientos, nuevas perspectivas, nuevas significaciones.

Para lograr que esos nuevos conocimientos ingresen en nuestro marco perceptual y sea realmente un cambio real en tu vida, necesitan **"obligadamente de la práctica"**, la cual permitirá bajo el proceso descripto, asimilar nuevas posibilidades y desarrollo.

La constancia en estos indicadores de cambio generará en nuestra realidad, lo que estamos buscando desde que comenzamos este libro; nuevos hábitos en tu relación con el dinero. Serán éstos, los indicadores concretos de cambio, desde donde podremos evaluar nuestras transformaciones, logrando así el propósito inicial.

El método consta de 4 pilares fundamentales (revisar, accionar, aprender, practicar) que se irán articulando y entramando en el entrenamiento, pudiendo así lograr movimientos integrales para lograr el dinamismo transversal en el aprendizaje.

¡*Comencemos*!

Manual de entrenamiento

Utilizaremos un manual de entrenamiento, una bitácora de viaje que nos permitirá encarar los primeros 3 meses de práctica. En este libro entregaremos un criterio de entrenamiento, para que puedas realizarlo con una actitud de "autogestión personal"; que te permita ir registrando paso a paso muchos de los contenidos brindados y llevarlos a la práctica.

Si bien desarrollaremos el hilo conductor del entrenamiento en este libro, puedes contactarme por LinkedIn y redes sociales para solicitar las instrucciones y archivos para registrar la bitácora de viaje y para que tengas el material de entrenamiento ordenado y con espacios suficientes para completar con tu información personal. Solicita *"tu propia bitácora de aprendizaje"*.

Todo el ciclo integral de educación financiera puede llevarnos 9 meses de práctica (un buen parto), pero en este libro presentaremos un entrenamiento de 3 meses, que permitirá cambios concretos. En base a ese desplazamiento de cambio, la confianza en uno se consolida y podremos realizar a futuro aprendizajes más complejos.

Mes 1

Preparación

- <u>Sugerencia inicial:</u> si el entrenamiento lo comenzamos el 1er día del mes nos permitirá un orden más claro en algunos aspectos de seguimiento, aunque no es una condición determinante.

- <u>Contexto:</u> la primera semana de trabajo necesitamos preparar algunos elementos que serán necesarios para nuestra acción y práctica; así como un deportista prepara su vestimenta para su entrenamiento. Si lo realizamos, surgirá una mayor disposición y ganas para comenzar.

- Cada semana del entrenamiento tendrá 7 puntos claves a realizar.

<u>Elementos necesarios para comenzar:</u>

1- Cuatro alcancías /Rito y creatividad: realiza y construye con los materiales que gustes (cartón, plástico, cerámica, etc.), las 4 alcancías de la abundancia. Aunque "seamos digitales", si manifestamos algún símbolo con nuestras manos, es una manera más concreta de apropiarnos con más fuerza de una herramienta que utilizaremos.

2- **Descarga del gestor de gastos**: descarga en tu celular una aplicación de gestor de gastos y/o arma en Microsoft Excel o Google Sheets una planilla en donde puedas a futuro incorporar tus ingresos y tus egresos, dividiéndolos por actividad. Aconsejo inicialmente para este entrenamiento, la app del celular, ya que será un elemento que siempre tendremos a mano para cargar la información en el instante y así lograr más agilidad.

3- **Bitácora de entrenamiento**: es necesario que tengas una libreta específica para anotar las actividades y resonancias que vayan ocurriendo durante el programa. Como bien dijimos te dejo a continuación una guía de hojas diseñadas de forma ordenada para que puedas imprimirlas.

Estos 3 elementos nos acompañarán durante los tres meses de viaje.

Semana 1

1- A partir del día 1 comienza a introducir en tu gestor de gastos los ingresos y los egresos que tienes día a día. Aquí empezaremos a entrenar la constancia en tener consciencia en cómo se mueve el flujo de tu dinero, "solo anota", mente fría, anota y listo.

2- Relee la Introducción de este libro *(página 13)* y pregúntate:

¿Qué significa el dinero en tu vida?

- Anota qué llega a tu mente y a tu sentir:

Pensamientos	Sentir/Sensaciones

3- Motivación para cambiar (puedes releer la sección "Motivación para cambiar", página 23, en la parte 1 de este libro).

<u>Es importante realizarte preguntas de valor:</u>

¿Cómo es tu relación con el dinero hoy?

_____

_____

¿El dinero ha sido un aliado o una limitación en tu vida?

_____

_____

¿En qué país naciste? ¿Resides en el país de nacimiento?

_____

_____

¿Cómo es la relación de la economía en el país que vives? ¿Es estable? ¿Es de crecimiento? ¿Es inestable?

_____

_____

¿Qué es lo que te motiva a cambiar en relación con el   dinero?

_____

_____

¿Pará qué quieres mejorar este vínculo?

_____

_____

4- Revisa cómo actúas hoy con el dinero.

Relee la sección "Revisemos tu hacer", página 58, de la Parte 1.

Pregúntate entonces aspectos básicos de tu realidad financiera hoy:

¿Tienes registro de cuáles son tus ingresos exactos?

_____

_____

¿Sabes cómo es el flujo de tus egresos? ¿A dónde va a parar el dinero que gastas?

_____

_____

¿Tus ganancias crecen en el tiempo, son estáticas, tienen planes de desarrollo?

_____

_____

El orden, la disciplina y la constancia, ¿los tienes asociados a tu vida financiera?

_____

_____

5- Revisa, al finalizar los 7 días iniciales, tener en tu gestor de gastos todos los ingresos y egresos realizados.

6- Deberás finalizar la semana teniendo las 4 alcancías diseñadas, recordemos que este acto creativo permitirá desarrollar una nueva significación a contenidos (conocimientos) que hemos ya leído, pero que necesitamos asimilar. Relee capítulo "Administrando abundancia", página 192, de la parte 3.

7- Al finalizar la semana 1 escribe en tu bitácora:

¿Qué sientes? ¿Qué sensaciones aparecen con los primeros movimientos?

_____

_____

¿Qué cosas nuevas te motivan?

_____

_____

¿Qué inquietudes, preguntas y pensamientos aparecen en tu mente?

_____

_____

Escribe lo que aparezca en tu bitácora. Estas expresiones, aunque sean contradictorias o puedas considerarlas simples y/o importantes, serán de considerable valor cuando avancemos.

_____

_____

_____

_____

_____

_____

_____

_____

_____

Semana 2

1- Comenzaremos leyendo el capítulo "Carencia y abundancia" de la parte 1 en la página 49.

2- Anota resonancias de la temática, expresa libremente lo que te ocurre:

Pensamientos	Sentir/Sensaciones

3- Responde:

Abundancia:

¿Qué viene a tu mente cuando te nombro abundancia?

_____

_____

Hoy, ¿qué aspecto de tu vida es abundante?

_____

_____

Piensa como sería tu vida abundante.

Imagínala, disfrútala, anota lo que llega a vos.

_____

_____

Carencia:

¿Qué entiendes por carencia?

_____

_____

¿Qué aspectos de tu vida consideras en estado de carencia?

_____

_____

4- **Gestor de gastos:** continúa anotando día a día los gastos y los ingresos, verifica si los criterios de cada gasto e ingreso los has cargado en el lugar correcto. Es importante ser lo más preciso posible con esta carga de información.

5-   **Línea de la historia del dinero en tu vida**: relee el capítulo "Cómo percibes el dinero", página 27, y realiza la actividad.

Cómo viajó el dinero en mi vida

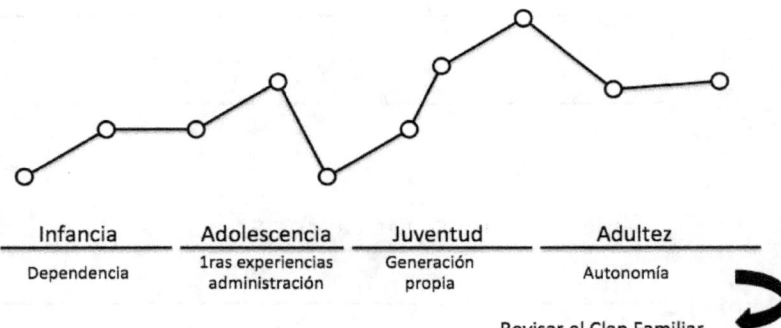

Te sugiero llevar a cabo estas tareas en un lugar apacible y tranquilo, para poder concentrarte y tener un espacio seguro para expresarte. Utiliza música si te ayuda a concentrarte.

¿Qué sientes luego de realizar el ejercicio de cómo ha viajado el dinero en tu historia de vida?

_____

_____

¿Qué hitos (experiencias de tu vida) se hacen más significativos?

_____

_____

¿Puedes percibir en la línea de tiempo pasajes y contenidos de abundancia?

_____

_____

¿Puedes percibir en tu historia lugares y escenas de carencia que puedan relacionarse con la significación del dinero?

_____

_____

6- **Madurez emocional con el dinero:**

Pregúntate y respóndete en forma sincera:

¿Sientes dependencia para con el dinero?

_____

_____

¿Sientes que no sabes cómo generarlo y administrarlo? ¿Que no tienes mucho para ofrecer?

_____

_____

¿Sientes falta de confianza en cómo llevar adelante lo que haces?

¿Te sientes con autonomía con respecto al dinero?

Relee en la Parte 1, en la sección de Psicología del Dinero, página 33, el segmento referido a la importancia de los "ciclos vitales".

¿Respondes como un niño, como un adolescente, como un joven o como un adulto, frente al concepto y gestión del dinero?

7-   Al finalizar la semana 2 escribe en tu bitácora:

¿Qué sientes, qué sensaciones aparecen con este tipo de "movimiento" en esta semana?

_____

_____

¿De qué me voy dando cuenta?

_____

_____

¿Cómo está tu mundo emocional luego de este tipo de revisiones?

_____

_____

¿Empiezas a entender que la relación con el dinero está configurada en nuestra historia de vida?

_____

_____

Semana 3

1- Comenzaremos esta semana con un contenido de aprendizaje "conocimiento" de "las 4 llaves de un rico" ¿lo recuerdas? Relee la sección en la Parte 3, página 144.

 **4 llaves (4 saberes)**

Saber **GANAR**	Saber **AHORRAR**
Saber **ADMINISTRAR**	Saber **INVERTIR**

¿Cuál es mi aspecto de mayor fortaleza? ¿Qué llave necesito incorporar con más premura?

Conceptos	Introduce tu prioridad
Ganar	
Ahorrar	
Administrar	
Invertir	

Marca con un 1 el aspecto que más necesites incorporar en tu vida financiera; 2, 3 y 4 puedes utilizarlos, siempre sabiendo que 1 es el de mayor prioridad y 4 de menor prioridad.

De este equilibrio, dependerá nuestra salud financiera.

2- Creencias:

Determina de tu historia de vida:

¿Qué creencias habilitantes y limitantes detectas en tu familia con relación al dinero?

_____

_____

¿Qué pensamientos o frases aparecen en tu mente?

_____

_____

¿Qué fortalezas identificas que tienes en relación con el dinero? ¿En qué aspecto? ¿Qué actitud? ¿Qué conocimiento?

_____

_____

Relee la sección "los mandatos te condicionan" de la Parte 1, en la página 46.

3- Seguimiento: Sigue anotando día a día ingresos y gastos en una planilla o gestor de gastos.

Ahora presta atención a lo que suele ocurrir con gastos diferidos que tenemos de otros meses, que muchas veces se generan por compras en cuotas con las tarjetas de crédito. El objetivo de este ejercicio "es saber cuáles gastos e ingresos tenemos en este mes de práctica" por lo tanto solo anota en tu planilla lo que gastes este mes (si tienes cuotas, especifica la cuota de este mes en el gestor de gastos).

4- Continuemos con creencias

¿Cómo te sientes cuando detectas las 3 creencias limitantes más importantes que identificas en tu familia?

_____

_____

De 0 a 10, representando 10 la respuesta más limitante) ¿Cuánto logran imposibilitar tu avance?

_____

_____

¿Sientes que tus fortalezas identificadas te permiten obtener las llaves del rico?

_____

_____

¿Logras darte cuenta de los mecanismos limitantes que te mantienen siempre en el mismo lugar?

_____

_____

5- Aprendizaje: resonancias

Escribe con autoridad:

¿Qué quieres aprender?

_____

_____

¿Cómo quieres vivir?

_____

_____

¿Cómo quieres que sea tu relación con el dinero?

_____

_____

Si pudieras construir una nueva ruta de cómo viajó el dinero en tu vida, ¿cómo sería?

_____

_____

¿Te animás a bosquejar como será a partir de ahora, la curva de historia del dinero en tu vida? Dibújala con el entusiasmo de un niño en tu bitácora. Imprime en ella escenas nuevas de abundancia (señala allí los hitos y experiencias que sueñas para lograr lo que quieres).

6- Día de apertura:

A. Tómate un espacio de tiempo para no pensar en nada y generarte una experiencia de expansión, podría ser, por ejemplo, visitar un parque, irte un fin de semana solo a un lugar, buscar un espacio y abrir "una experiencia de abundancia" puede o no estar relacionada con el dinero.

Diséñala, y anótala primero en tu bitácora.

Realízala conscientemente buscando un objetivo de apertura.

Intenta incomodarte para abrirte a algo nuevo; relee el capítulo "lo importante incomoda" de la parte 2 en la página 103.

Anota en tu bitácora, qué sentiste al intentar generar algo con este tipo de consigna.

¿Resultó fácil?

_____

_____

¿Resultó trabado?

_____

_____

¿Resultó imposible?

_____

_____

B. Detecta en tu entorno a una persona que consideres que tiene una buena relación con el dinero:

Anota su nombre.

_____

_____

Describe su vida.

_____

_____

¿Qué fortalezas le detectas?

_____

_____

¿Qué aspectos lo hacen abundante?

_____

_____

¿Existe la posibilidad de concretar una cita con él/ella?

_____

Anímate a pedirle un café para conversar de temáticas relacionadas al tema del dinero (recuerda que abrirse con humildad frente a otros genera grandes oportunidades y aprendizajes). Relee el capítulo "Tu única ganancia es tu excedente" en la página 176 de la parte 3.

7 Al finalizar semana 3 escribe en tu bitácora:

¿Qué sientes, qué sensaciones aparecen con los pasos en esta semana?

_____

_____

¿De qué me voy dando cuenta?

_____

_____

¿Cómo está tu mundo emocional luego de este tipo de acciones?

_____

_____

¿Empiezas a entender que la relación con el dinero puede renovarse o rediseñarse?

_____

_____

Semana 4

1- Al finalizar esta semana deberíamos tener toda la información de ingresos y egresos de este primer mes en nuestro gestor de gastos.

¿Qué sientes cuando ves el flujo de tu dinero ordenado?

_____

_____

¿Fue significativo lograr este seguimiento durante el primer mes de práctica? ¿Ya lo habías realizado?

_____

_____

Si lo hiciste con constancia, seguramente ya no será tan incómodo ingresar estos datos ¿no? Es así, cuando realmente practicamos, los nuevos hábitos se van incorporando.

2- Ahora que ves el flujo de tu dinero, ¿qué detectas?:

¿Te alcanza el dinero que generas para tus costos fijos?

_____

_____

¿Tienes excedentes, están reflejados en tu planilla?

_____

_____

Revisa en tu planilla o gestor, si eres consciente de todos los gastos que ingresaste. Muchas veces al verlo reflejado en el gestor, puedes tener conclusiones como, ¿gasté tanto dinero en combustible para mi automóvil este mes? No me había percatado de dicho gasto.

Señala los puntos que más te llaman la atención.

_____

_____

3- Emocional:

Revisa si consideras que alguno de los gastos que están en tu planilla, cumplen la función de "compensación emocional"; muchas veces gastamos dinero para compensar vacíos de otro tipo (emocionales).

¿Puedes identificar algunos de estos gastos compensatorios? Anótalos.

_____

_____

4- Agradécete con algún premio específico el trabajo de constancia que realizaste en cargar durante 30 días seguidos el flujo de tu dinero. "A nuestro cerebro le gustan los premios, es como que graba que las acciones realizadas son recompensadas".

Anota en tu bitácora el premio que te darás.

_____

_____

Realízalo en esta semana.

¿Qué sientes cuando lo realizas?

_____

_____

5- Relee a continuación la sección "las dos maneras de ganar" en la página 150.

¿Tienes excedentes?

_____

_____

¿Sientes que administras bien tus costos fijos?

_____

_____

¿Puedes obtener excedentes con una mejor administración?

_____

_____

¿Qué aspectos te gustaría corregir para el próximo mes?

_____

_____

¿Qué decisiones te gustaría tomar para que tu administración sea más dinámica, equilibrada (emocionalmente)? Anota tus decisiones.

_____

_____

6- Actividad de interacción:

Detecta en tu entorno a alguien que consideres que se administra bien con el dinero; que es prolija, estable en este sentido.

Descríbela en tu bitácora.

_____

_____

¿Qué aspectos le señalas como positivos?

_____

_____

¿Qué aspectos limitantes tiene?

_____

_____

Pídele un café/conversación para preguntarle como se administra. Anota recursos de valor que pueda compartirte.

Es importante realizar estos encuentros con el otro. Permiten que uno abra para sí mismo y para con el otro la oportunidad de aprender, pidiendo feedback de qué virtudes tienen los que nos rodean, y darnos cuenta de que el otro suele estar dispuesto para ayudarnos.

7- Alcancías:

Retomemos las 4 alcancías que construiste en la preparación para el entrenamiento ¿te acuerdas no? Obsérvalas como un trofeo delante de ti. Trabajaremos ahora con ellas; (Alcancías de Ahorro, Inversión, Disfrute y DAR).

En base a tus datos ingresados.

¿Has tenido ganancias este mes?

_____

_____

Recuerda que siempre la ganancia es el excedente de dinero que obtienes luego de descontar todos los costos fijos.

¿Hay ganancia?

_____

_____

Anótala en tu bitácora.

_____

_____

¿Te gusta el número ($) que observas?

_____

_____

¿Entiendes que equivale al mérito de esfuerzo que hiciste durante estos 30 días de generación con tu trabajo?

_____

_____

¿Qué te ocurre emocionalmente? Anótalo.

_____

_____

Alcancías y excedente:

Relee en la parte 3, el capítulo "Administrando abundancia" de la página 192.

A- Separa el 50% de tu ganancia para el ahorro (recordando que el ahorro no se toca).

B- Invierte en algún activo el 20%, buscando una vuelta del dinero rápida (plazo fijo, caución, fci.), algún instrumento bancario ya instalado que sea fácil de operar. Si desconoces del tema, pregunta, será fácil incorporarlo. La idea es establecer una pequeña diferencia, pero el foco no está puesto en la rentabilidad en este momento, sino en el ejercicio de tomar un dinero para invertir y hacerlo en lo concreto. Esto en la práctica derriba muchos prejuicios que tenemos relacionados al concepto de invertir.

C- El 20% destínalo al disfrute, diseña alguna salida, cómprate vestimenta, algún placer que sientas que te mereces hace tiempo. Diséñalo, escríbelo en la bitácora y concluye anotando:

¿Qué sientes cuando inviertes en DISFRUTAR?

_____

_____

D- El 10% restante busca utilizarlo para DAR, busca diseñar colocar ese dinero en algo que realmente ayude al prójimo, alguna causa justa, una donación, la compra de algo que le facilite la vida a otra persona, un regalo; una acción que permita practicar en ti este sentido altruista.

E- Diseña la actividad, anótala, experiméntala y escribe cómo te sientes cuando logras concretarla.

_____

_____

Mes 2

Semana 5

1- Primera acción para comenzar el mes 2 es realizar balance del mes 1.

Escribe 10 elementos importantes que destacas de todo el trabajo integral del mes 1.

De esos 10 puntos elige 3 y anótalos con color y mayúscula en tu bitácora.

Describe en tu bitácora 3 experiencias de valor que te hayas animado a realizar en el primer mes de entrenamiento. Quizás también alguna experiencia, que producto del movimiento realizado, llegó a tu vida.

2- LLAVE de GANAR "Anímate a generar".

El ganar/generar dinero redunda inicialmente en lo que tienes para dar (competencias) y en lo emocional, en cómo te valoras a ti mismo (cómo te vendes).

Determina en tu bitácora cuál es tu zona de influencia. Relee la explicación Zona de influencia en la página 148 de la sección 4 llaves de un rico.

¿Cuál es tu pasión?

_____

_____

¿Cuál es tu talento?

_____

_____

¿Cuál es tu valor al prójimo?

_____

_____

Anímate a realizar este trabajo, es clave que sepas en dónde está tu aporte y tu fuerza.

Determina en un párrafo tu propuesta de valor (recuádralo en tu bitácora).

_____

_____

3- Valórate:

¿Te cuesta cotizar tus servicios?

_____

¿Te cuesta pedir aumentos cuando te lo mereces?

_____

¿Realizas planes financieros de mediano plazo para determinar las ganancias que proyectas?

_____

_____

4- Acción:

Realiza un ejercicio que te permitirá experimentar tu valoración y tu propuesta de valor.

Si eres emprendedor, tienes ciertos rangos para cotizar tus servicios y productos, anímate a cotizar un 10% más alto alguna cotización, buscando experimentar más merecimiento por tu trabajo.

_____

_____

Realízalo de manera práctica y observa qué ocurre.

_____

_____

Lo más probable es que te aprueben el aumento del 10%.

_____

_____

¿Qué sientes cuando la experiencia confirma tu merecimiento?

_____

_____

¿Puedes comprender que el merecimiento depende de tus decisiones?

_____

_____

¿Te animás con tu propuesta de valor a generar un nuevo sistema de precios, que consolide tu merecimiento?

_____

_____

Si trabajas con salario/sueldo, anímate a pedir algún beneficio, aumento de sueldo, reconocimiento por el valor que brindas en la organización. Realiza una experiencia con criterio que te permita incomodarte para poner en juego el valor que tienes para dar.

_____

_____

Anota en tu bitácora qué sientes cuando realizas las experiencias.

_____

_____

5- **Seguimiento:** continúa anotando en tu gestor de gastos los ingresos y egresos. Recuerda en este seguimiento los objetivos de cambio que anotaste en la semana 4 en tu bitácora.

6- **Ganar:**

¿Qué necesitas aprender para ganar más dinero?

_____

_____

¿Te mueves siempre en los mismos círculos sociales?

_____

_____

¿Renuevas tus competencias de valor?

_____

_____

¿Sos de generar planes comerciales?

_____

_____

¿Defiendes tus propuestas de valor?

_____

_____

7- Al finalizar semana 5 escribe en tu bitácora:

¿Qué sientes, qué sensaciones aparecen con los pasos de autovaloración en esta semana?

_____

_____

¿De qué me voy dando cuenta?

_____

_____

¿Cómo está tu mundo emocional luego de este tipo de acciones?

_____

_____

¿Empiezas a entender que la relación con el dinero puede renovarse o rediseñarse si te animás a valorarte más?

_____

_____

Semana 6

1- Mapa de abundancia: Reeditemos los 4 pilares de la abundancia. Relee el apartado "Abundancia y equilibrio" de la página 51.

2- Trata de ser honesto en cómo mides los porcentajes del siguiente cuadro, pudiendo tomar consciencia de tu equilibrio en la vida actualmente:

Prioridad	Vida Física (Salud biológica)	Vida Anímica (Salud mental y emocional)	Vida Espiritual (Sentido trascendente)	Vida Financiera	
100%					
75%					
50%					
25%					

Marca con una X para administrar los porcentajes.

3- Acciones de valor:

¿Qué quieres mejorar en tu vida física?

_____

_____

¿Qué quieres mejorar en tu vida anímica?

_____

_____

¿Qué quieres mejorar en tu vida espiritual?

_____

_____

¿Qué quieres mejorar en tu vida financiera?

_____

_____

Elige una de las variables y diseña una acción para atender mejoras.

Anótala en tu bitácora, describe las acciones de mejora.

Realízalas.

Anota los resultados y registra qué sientes cuando alimentas aspectos de tu abundancia.

_____

_____

4- ¿Cómo te gustaría equilibrar estos elementos para que tu vida sea abundante?

Realiza la descripción de ese porcentaje.

_____

_____

¿Qué decisiones necesitas tomar para lograr ese equilibrio?

_____

_____

¿A qué estás dispuesto a renunciar, si así se necesitara, para que tu vida logre ese equilibrio?

_____

_____

5- Anota en tu bitácora:

Elige de tu entorno 4 personas que representen a cada uno de los elementos de la abundancia, tráelas a tu mente.

Describe en tu bitácora ¿cómo es cada una de ellas?

Abundancia física (salud):

_____

Abundancia anímica (mente y emoción):

_____

Abundancia espiritual (trascendencia):

_____

Abundancia financiera:

_____

_____

5- Scanner:

¿Con cuáles de las personas te identificas más?

_____

_____

¿Con quién te sientes más lejano?

_____

_____

¿Qué necesitas aprender o hacer para empezar a incorporar características de las personas que admiras?

_____

_____

Anota estos objetivos:

_____

_____

6- Genérate una experiencia de alto valor:

Sin decírselo a nadie, sal a la vida siendo dicha persona que admiras. Intenta, como si fueras un actor, a construir el personaje que intentas incorporar.

Para ello hicimos la primera descripción, si puedes tomar el personaje con el que menos te sientas identificado, tendrá un buen impacto la experiencia.

Esto permitirá que hagas un trabajo de acción profundo, como dice Jung "la integración de una sombra", todo lo que percibimos pertenece a nosotros; algunos aspectos están reconocidos "en luz" y otros en "sombra".

Pero ¿por algo nos llaman la atención?

_____

_____

Practica como si fueras esa persona.

Visita las órbitas sociales y relacionales que él/ella visita.

Permite descontracturar tu idea de que sos lo que crees que sos.

Si lo realizas, te sorprenderás con las vivencias que empiezan a emerger en tu vida.

7- Empieza a anotar en tu bitácora que vas pensando y sintiendo cuando te animas a realizar este tipo de desplazamientos perceptivos.

8- Resonando:

¿Cómo te encuentras con la experiencia de esta semana?

_____

_____

¿Sientes que puedes construir tu futuro?

_____

_____

Cuando te decides avanzar hacia delante, ¿pesa mucho tu pasado?, ¿te sientes más liviano?, ¿más entusiasmado?

_____

_____

Para cerrar esta semana escribe en tu bitácora, ¿qué significa para ti ahora **la abundancia**?

_____

_____

Anímate a escribir un párrafo original, único para ti, que realmente te represente.

_____

_____

Semana 7

1- Lee en la parte 1 el capítulo "<u>Encontrar al dinosaurio no te cambia</u>" en la página 41.

2- Reflexiona en tu bitácora:

¿A qué historias del pasado estás agarrado?

¿Logras ver como ese pasado justifica que hoy no decidas cambiar?

3- Realiza un rito:

Escribe en una hoja, las historias que entiendes que te han limitado con relación al dinero (ya tienes este mapa).

¿Te animás a dejarlas atrás?

_____

_____

¿Podrías vivir sin ellas?

_____

_____

Entierra el papel en donde gustes, devuelve a la tierra lo que ya no tiene vitalidad en tu vida.

Percibe qué sientes cuando realizas este rito.

4- **Diseñando futuro:**

Relee el capítulo de la parte 2 "Educa tu mente y tu corazón" en la página 115.

¿Puedes observar que el cambio es posible?

_____

_____

¿Te das cuenta de que solo se trata de hacer?

¿Te das cuenta de que se trata de ponerse en marcha hacia el futuro con ganas de aprender?

5- Realiza el collage del "mapa del tesoro"

Toma una cartulina, revistas, elementos varios, pegamento, tijera, fibras, lápices, etc.

Construye creativamente cómo quieres que sea tu vida abundante.

Diseña tu futuro, cuanto más detalle coloques, más impacto tendrá el ejercicio.

Quizás puedes acompañarlo con una música sugerente que te permita concentrarte aún más en el objetivo. Recordemos que la parte límbica de nuestro cerebro trabaja con los sentidos. Toda sensación nueva la captará como parte de lo nuevo.

Tómate el tiempo que necesites.

Anota cómo te sientes luego de finalizar la obra de arte de tu futuro.

_____

_____

Anota en tu bitácora lo que viene en tu mente, en tu sentir y en tu cuerpo (sensaciones).

_____

_____

6- Relee para consolidar el ejercicio del capítulo "Tú escribes el futuro" en la parte 3 en la página 207.

7- Recuerda seguir anotando en tu gestor de gastos e ingresos el flujo del dinero y sobre todo detente en la administración de tus costos fijos, observando que no haya filtraciones innecesarias.

¿Qué aparece en ti con la posibilidad concreta de trabajar para tu futuro sin tantas excusas del pasado?

_____

_____

Aventurarte a lo real, a la verdadera posibilidad, puede generar temor también. ¿Qué percibes?

_____

_____

Semana 8

1- Relee el <u>Capítulo de las 4 formas de vivir</u> de la parte 3 en la página 134.

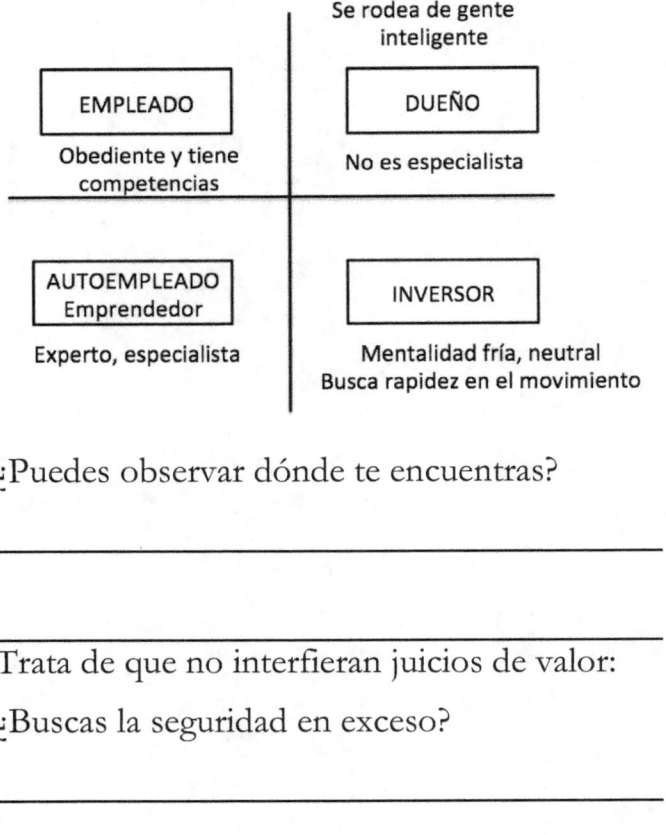

¿Puedes observar dónde te encuentras?

_____

Trata de que no interfieran juicios de valor:

¿Buscas la seguridad en exceso?

_____

_____

¿Buscas ser independiente y original?

_____

_____

¿Buscas armar equipos para lograr cosas grandes?

_____

_____

¿Buscas ser analítico y práctico en cómo obtienes lo que quieres?

_____

_____

2- Brechas de cambio:

Determina, ¿qué cuadrante quieres empezar a incorporar a tu vida?, ¿qué manera de vivir quieres vivenciar?

_____

_____

Cada cuadrante tiene un aprendizaje en sí mismo, intenta encontrar qué necesito incorporar a nivel actitudinal y de contenido.

3- Lee el capítulo "Atraviesa la rompiente" de la página 311.

Intenta identificar, ¿cuál es tu verdadero propósito para atravesar la rompiente?

_____

_____

¿Qué es lo que realmente te espera del otro lado?

_____

_____

¿Puedes tener en tu mente el collage del mapa del tesoro que realizaste?

_____

_____

4- Relee en la parte 2 el capítulo "Puentes para cambiar" de la página 82 en la parte 2.

Descubre:

¿Cuáles son tus habilitadores de cambio?

¿Puedes agregar alguno más de los descriptos en el capítulo?

_____

_____

¿Hay algún habilitador que tienes, pero no estás utilizando?

_____

_____

Elige 3 habilitadores (puentes para el cambio) que necesitas tomar para mejorar tu relación con el dinero.

_____

_____

5- Experiencia:

Realiza una experiencia que te desafíe, por más sencilla que sea, que te lleve a un punto en donde necesites permanecer para lograr su finalidad.

A veces puede ser un ejercicio físico que ponga a prueba tu capacidad.

Anota la experiencia:

_____

_____

¿Cuándo estás en el punto resistente, qué pensamientos vienen a tu mente?

_____

_____

Si permaneces, si te animas a ser valiente, seguramente encontrarás habilitadores que te permiten atravesar la rompiente.

_____

_____

¿Cuáles son?

_____

_____

6- Administración:

¿Cómo viene la administración de costos fijos?

_____

_____

¿Has podido durante este mes lograr los objetivos que te propusiste?

_____

_____

¿Tienes al finalizar este mes una ganancia, un excedente producto de tu buena administración?

_____

_____

Si lo lograste, identifica y anota qué sientes. ¿De qué te das cuenta?

_____

_____

¿Qué percibes al terminar dos meses de orden consciente con el flujo de tu dinero?

_____

_____

7- Resonancias:
¿Cómo te sientes con lo aprendido y vivenciado en este mes de trabajo?

_____

_____

Escribe, ¿qué elementos te llevas de estas 4 semanas?

_____

_____

Recuerda volver a repartir tus excedentes en las cuatro alcancías de la abundancia. Si vienes mejorando, anímate ahora a ponerte para el próximo mes un objetivo de ganancia producto de generar más dinero.
Anota en tu bitácora el objetivo.

_____

_____

Mes 3

Semana 9

1- Comienza declarando en tu bitácora:

¿Qué te dispones realizar este mes (extra) a todo lo que vienes realizando para generar más dinero, para consolidar un desplazamiento creciente en tus ingresos?

_____

_____

Utiliza tu creatividad para generar algo más de $ con este objetivo.

No es relevante inicialmente la cantidad de dinero que generes. Lo importante es el desplazamiento consciente.

Anótalo.

_____

_____

2- Describe las acciones que necesitas realizar para lograrlo. Ármate una agenda con el paso a paso.

3- Relee dentro de la parte 2, el capítulo "Diseña tus nuevos hábitos", en la página 96.

Revisa los 10 tópicos que señala el capítulo y adáptalo a la experiencia que has elegido.

4- Meditación:

Realiza una meditación cuántica. Las que serenan la mente y colocan la imagen deseada en el centro de la meditación.

Intenta colocar allí como te sentirías con el desafío que te planteaste.

Intenta trasladarte a ese futuro y sentir qué sensaciones aparecen en ti.

Anota en tu bitácora lo que aparece:

_____

_____

5- Dia de expansión:

Dedica un espacio para tomar contacto con la naturaleza, una experiencia en donde no acudan pensamientos del "hacer". Fíjate qué sientes:

¿Puedes lograrlo?

_____

_____

¿Puedes abrirte a tu entorno?

_____

_____

¿Puedes conectar con otra realidad que no sea solo lo que yo quiero?

_____

_____

¿Puedes sentirte parte de algo más grande?

_____

_____

Responde en tu bitácora cada una de las preguntas.

6- Para lograr el desafío que te planteaste anota en tu bitácora, con qué órbitas o personas necesitas conectar, relacionarte.

"Encerrado en ti será muy difícil lograr algo nuevo".

7- Coméntale a alguien lo que te propusiste lograr en este mes de trabajo. Esto hará que gane más fuerza "social" tu compromiso interno y te ayudará a romper los puntos de resistencia.

Anota en tu bitácora quién será dicha persona.

Semana 10

1- ¿Cómo administras tu tiempo?

Relee en la parte 3, el capítulo "Si el tiempo no te alcanza, estas en carencia" en la página 186.

¿Cuáles son tus devoradores de tiempo?

_____

_____

¿Cuáles son tus dadores de tiempo?

_____

_____

2- Es importante saber en dónde se nos va nuestra energía:

¿Puedes identificar en qué te desconcentras?

_____

_____

¿Cuáles son esas actividades, lugares o personas que drenan tu energía?

_____

_____

Anótalas en tu bitácora.

3- Es importante saber en dónde nuestra energía se vitaliza:

¿Puedes identificar que actividades te dan energía?

_____

_____

¿Qué intereses capturan tu atención y concentración productiva?

_____

_____

Anótalos y resáltalos con color.

4- Decisiones:

¿Estás dispuesto a "soltar" tus devoradores de tiempo y concentrarte en lo importante?

_____

_____

¿Qué cosas son importantes para ti?

_____

_____

Anótalas, defiéndelas, elabóralas.

5- Realiza en tu bitácora un mapa de aprovechamiento del tiempo, en donde tengas identificados las actividades, lugares y personas que le dan "vitamina" a tu vida. Realiza en tus agendas siempre una recurrencia a estos puntos.

Dibújalo en tu bitácora.

6- Recuerda siempre que "El interés es la medida de la acción". Relee en la parte 2, este capítulo en la página 90.

7- Terminando la semana anota y destaca en tu semana:

¿Qué relación le encuentras al tiempo y a la abundancia?

_____

_____

¿Si ganas tiempo en qué lo utilizas?

_____

_____

¿El tiempo debería sobrarme, con excedente?

_____

_____

¿Le encuentras relación con el dinero?

_____

_____

Anota en tu bitácora lo que llega a ti.

Semana 11

1- Llave de la inversión

¿Has alguna vez invertido dinero?

_____

_____

¿Qué viene a tu mente cuando te hablo de invertir?

_____

_____

¿Lo ves lejano? ¿Cercano? ¿Posible?

_____

_____

2- Si volvemos a los 4 elementos de la abundancia en que inviertes en ti:

Anota a continuación: destaca en qué inviertes tiempo, energía y dinero.

Abundancia física (salud):

_____

Abundancia anímica (mente y emoción):

_____

Abundancia espiritual (dar con trascendencia):

_____

Abundancia financiera:

_____

3- Revisa, estudia y agrega elementos técnicos que faciliten el lenguaje financiero. Relee el capítulo de "Educación financiera" en la página 127, de la parte 3.

Intenta profundizar y empezar a complementar con tutoriales, capacitaciones, libros, que te faciliten el lenguaje financiero, que como bien sabemos está muy en línea con la gestión emocional de nuestra vida.

4- Señala en la bitácora los conceptos o elementos que te gustaría aprender en lo que refiere al contenido técnico de lo financiero. Profundiza.

5- Realiza una experiencia de inversión en tu vida financiera:

Extrae de la alcancía de inversión $ para poder realizar una experiencia de inversión financiera:

A - Investiga qué instrumentos están disponibles en el mercado.

B – Investiga Brokers e instrumentos bancarios que permiten comprar acciones, obligaciones negociables, bonos, y distintas operaciones que permiten obtener diferencias por "colocar" dinero.

C- Toma el riesgo necesario para disponerte a aprender algo que quizás sea muy nuevo.

D- De entender de inversiones, realiza un mapa de mayor alcance, la posibilidad de generar estrategias combinando y diversificando en distintas "canastas" tu cartera de inversiones.

Anota en tu bitácora como te sientes realizando esta experiencia.

_____

_____

6- ¿Cómo es esto de invertir energía en ti?

Relee la sección "<u>Saber invertir</u>", del capítulo "Las 4 llaves de un rico" de la parte 3, en la página 167.

¿Qué tanto te valoras ahora?

_____

_____

¿Entiendes el significado más integral de la inversión?

_____

_____

¿Puedes conectarlo con sentirte merecedor de más holgura para ti?

_____

¿Qué pasaría si tus ingresos se triplican producto de buenas inversiones?

_____

Si hiciste los movimientos indicados, te darás cuenta de que no es nada difícil invertir en ti. Es solo cuestión de que lo decidas.

7- Si tuvieras que tomarte un café con el dinero, ¿Como sería ese encuentro?

_____

_____

¿Qué le preguntarías?

_____

_____

Relee la página 65, la sección "Tomate un café con el dinero".

Semana 12

Última semana de este sprint de 3 meses de acciones concretas.

1- Recuerda que "Nadie es profeta en su tierra". Relee el capítulo en parte 4 en la página 307.

Es importante entender que el camino de aprendizaje no está escrito.

¿Te animás a escribirlo fuera de tu órbita de confort?

_____

_____

¿Te animás a presentarte a nuevos escenarios en donde seas nuevo para vos y para los demás?

_____

_____

¿Te animás a tener el gesto de humildad de querer preguntar todo, para poder profundizar?

_____

_____

2- Ya a esta altura tu ingreso de seguimiento de ingresos y egresos debería ser un nuevo hábito en tu vida. ¿Lo es?

_____

_____

La administración de tus 4 alcancías de la abundancia empieza a tomar dinamismo y el uso correcto.

¿Logras ver cómo se organiza la abundancia?

_____

_____

3- Empiezas a entender que mucho de lo nuevo se logra "HACIENDO", aventurándose a lo nuevo.

¿Te sientes así?

_____

_____

4- Experiencia:

Elige a una persona de tu entorno que percibas que está necesitando este tipo de aprendizajes.

Analiza su perfil psicológico. Manéjate con empatía.

Organiza algunos puntos que has aprendido y resúmelos en un cuadro, ordénalos.

Cita a esa persona e intenta brindar lo que hace 3 meses no sabías, y observa qué ocurre en vos y en la persona cuando intentas brindarle generosamente lo que ahora sabes.

Anótalo en tu bitácora.

_____

_____

5- Nunca olvides que "tu talento se valora en el contexto adecuado" página 315. Elige bien en dónde te quieres ubicar para ser valorado.

Describe tus nuevas órbitas en donde te moverás a partir de ahora.

_____

_____

Como mínimo destaca 10 espacios nuevos.

_____

_____

6- Lee el capítulo "el equilibrio es lo que define tu libertad" de la parte 4 en la página 319.

¿Qué decisiones estás por tomar para lograr el equilibrio que necesitas?

_____

_____

Anótalas, aunque todavía no aparezcan con fuerza.

¿Qué significa la libertad para ti?

_____

_____

7- Destaca de este mes 3 los puntos que más te llegaron. Anótalos.

Finalizando el entrenamiento:

¿Puedes detectar aprendizajes concretos con relación al dinero?

_____

_____

¿Sientes que has mejorado el vínculo con el dinero?

_____

_____

¿Puedes ahora entender su verdadera función y finalidad? Relee el capítulo "Tomate un café con el dinero" de la página 65.

_____

_____

Escribe a quién te gustaría pasarle este libro, para continuar así, una rueda de bien, en lo que refiere al sentido integral de lo que significa el dinero.

_____

_____

Actividad final

Escribe, ¿qué es lo que ahora significa el dinero para ti?

Después de revisar, accionar, aprender y practicar, ¿Cambió en algo tu significación del dinero?

_____

_____

Escríbelo:

_____

_____

_____

Advertencias

$

Por temor se pierden oportunidades

El temor es un aliado cuando funciona como habilitador, pero cuando su fuerza gobierna nuestra vida suele paralizarnos.

La advertencia radica en entender que siempre en todo cambio habrá temor, es parte del aprendizaje.

Es importante ser consciente en revisar cómo el temor puede habilitar oportunidades o inhibirlas, dejaremos como anexo el "capítulo del valor y temor" (Libro *Abrite camino*) para profundizar en la temática.

Practica lo que entiendes

Lo cierto es que si los recursos que se presentan en este libro no se llevan a la práctica, no lograremos un aprendizaje verdadero y completo.

Como bien explicábamos en el capítulo de "los tres cerebros", si solo nos quedamos con entender el conocimiento (neocórtex) y saborear esa sensación de (lamparita) de darnos cuenta de algo importante, y no llevamos a la vivencia práctica dicho contenido, el aprendizaje no ocurrirá y tampoco sucederá que ese conocimiento se convierta en un hábito para nosotros. Por lo tanto si no "hacemos" lo que aprendemos nada nuevo sucederá.

Disponte a practicar, al principio seguramente serás un poco rústico y algunos errores serán necesarios para dar los primeros pasos; pero es clave entender que nuestro sistema de aprendizaje necesita la práctica concreta para incorporar lo que entiende el saber. **Recuérdalo, si te sientes estancado/a es porque no estás practicando**. Al ponernos en movimiento con conocimientos empezamos a vivenciar las ganas de alinear nuestro pensar, sentir y hacer en un mismo cauce; y cuando esto ocurre se abren los caminos y accedemos a oportunidades de alto valor.

Encuentra y suelta

Remitiéndonos al capítulo "encontrar al dinosaurio no te cambia", en la página 41, es importante saber profundizar las causas; la advertencia sería "profundiza lo justo y necesario", ya que si te enamoras de causas del pasado, quedas fijado a ellas. Profundiza para saber y luego avanza hacia lo nuevo, hacia los aprendizajes posibles, a la construcción de tu futuro, allí radicarán las buenas decisiones de este presente; **decide ahora qué quieres y constrúyelo; el pasado se disuelve con la fuerza de tu decisión consciente.**

Valora cada paso

Como ya sabemos, la gratitud es la gran virtud que nos permite conquistar el equilibrio que nos da la libertad. La importancia de valorar cada paso en tu desarrollo y educación financiera será vital para poder entender, que la consistencia en cualquier área de tu vida se logra paso a paso. Los atajos son aliados de la ansiedad y del apuro, que suelen malograr las auténticas ansias de superarnos.

Valora tu tiempo

En el tiempo transcurre la vida.

Trata de encauzar todos estos aprendizajes siempre basados en el equilibrio de los cuatro elementos de la abundancia (físico, anímico, espiritual y financiero), el tiempo administrado con esta sensatez te dará, seguramente, contenido a tu vida.

La advertencia aquí es "ten cuidado con el tiempo de cara al dinero". He observado muchos desajustes de vidas, cuando en el dinero comenzamos a tener éxito. Como es una fuerza que no conocemos, que todavía no manejamos, a veces podemos dedicar tiempo de vida innecesario en proyectos de codicia, poder y egolatría. Atención con este punto, que es causa de muchos desvíos a lo largo de la historia.

Nadie es profeta en su tierra

$

Piensa en grande

Esta frase encierra muchos aspectos para profundizar, pero la quiero destacar porque será importante tener en cuenta que muchas conquistas de nuestros sueños no las logramos en entornos cercanos. Suele ocurrir que las personas que no nos conocen tanto, valoran más aspectos objetivos de lo que podemos brindar, y las personas cercanas no logran tomar los nuevos brotes que tenemos para compartir.

Aunque esto parezca ilógico, es totalmente lógico y hasta diría natural. Es debido a que las personas cercanas, muchas veces nos tienen definidos en un marco perceptual de lo que damos, de la profesión que tenemos, de la escala social que ocupamos, etc.; entonces cuando le decimos, como lo fue en mi caso, que de ser un buen músico quería también dedicarme a la consultoría en empresas ayudando a las personas a que tengan una mejor calidad de vida, me miraron raro, y sin decirlo lo pensaron, ¿vos dedicándote a dar valor en una empresa como consultor?, ¿por qué no seguís con lo que sabes hacer?

Entonces, no es por falta de afecto o intención que quizás en un principio no ven como potable nuevas posibilidades de lo que queremos lograr, sino que estamos prediseñados perceptualmente para con el otro, en cómo nos hemos manifestado en la vida hasta el momento.

Sugerencia: solo muy pocos de tu ambiente más próximo, verán tu potencial para lo nuevo que quieres conquistar y cambiar.

Busca con objetividad personas que sepan de lo que quieres incorporar, aprende de ellos, capacítate, un buen consejo de estas personas te dará confianza, ya que será más objetivo; y uno al estar no tan involucrado afectivamente, no entrará en juegos psicológicos de validación externa.

Si quieres algo nuevo tendrás que cruzar el cerco, exponerte, salir de tu zona de confort definitivamente. La oportunidad de que sea en un entorno diferente y nuevo abre las posibilidades para que se logre, ya que en un escenario donde nadie nos conoce podemos "actuar" nuevas formas de cómo proceder y sacar a la luz varios aspectos que tenemos ocultos esperando por expresarse. No en vano en una fiesta de disfraces, el que no sabe bailar, detrás de un antifaz se convierte en Michael Jackson.

Busca en las distintas experiencias de tu vida, donde te animaste a ser distinto y encontrarás que fue lejos de tus círculos más cotidianos, donde de alguna manera nos sentimos más seguros, pero también más restringidos. Rompe con esas trampas lógicas que nos condicionan, y si quieres cambiar algo en tu vida ten muy en claro, que nadie es profeta en su tierra.

Luego cuando hayas conquistado otras tierras te reconocerán como ciudadano ilustre, pero mientras tanto trabaja en silencio, construye bases sólidas de confianza contigo mismo y con personas que sepan ver con objetividad tus talentos y tus aspectos a mejorar.

En la vida empresarial ocurre muchas veces que despiden a un gerente regional, con el criterio de que no tiene las competencias necesarias para ejercer su rol, y a las dos semanas la competencia lo contrata en el mismo puesto. Al cabo de un mes, la misma empresa que lo desvinculó lo quiere recontratar duplicándole su salario, porque ahora que lo ve con perspectiva aportando valor a la competencia, lo empiezan a valorar. **Este es un ejemplo claro de cómo cuando el profeta es efectivo en otra tierra, la patria lo reclama como el mejor, pero semanas antes lo desterraba por falta de méritos. Así es, la vida misma.**

Entonces, prepara tus harapos, encauza tus profecías y entrénate para caminar hacia otras tierras en donde puedas ensayar y experimentar el potencial que vive dentro tuyo. Será una gran aventura darte cuenta de que puedes lograr todo lo que te propones si encuentras el contexto, la voluntad y el sentido de superación necesario para romper las barreras contigo mismo.

Atraviesa la rompiente

$

Tu fuerza y el mar

Me gusta mucho tomarme tiempos para ir al mar, suelo ir a un departamento que tiene un ventanal casi dentro de la playa, allí suelo aventurarme a escribir y concentrarme en procesos creativos. Suelo decirme y juego conmigo mismo, que soy el Neruda Argentino, recordando la hermosa visita que realicé con mi mujer a Isla Negra, en Chile, lugar en donde el escritor tenía una hermosa casa, hoy museo, frente al océano pacífico. En la visita guiada que hicimos entramos en su cuarto, donde también solía escribir, y su cama estaba a 45 grados orientada al ventanal que daba directamente al furibundo e incansable océano. Hermosa postal entre otros agregados que dan marco y escena a su desarrollo como escritor.

Volviendo a mi lugar marítimo, el sonido acompasado del mar es como un mantra que induce a generar ideas de valor. En este lugar escribí varios capítulos de este libro, todavía recuerdo cómo iban apareciendo las imágenes e ideas para compartir.

Entre idea e idea, a veces retiro mi atención de lo que estoy haciendo y me detengo a observar cómo los surfistas intentan desafiarse ante las olas que vivaces se despliegan en los días de viento, previos a las tormentas que repentinamente aparecen.

Lo que quiero destacar de mi observación, es el esfuerzo que hacen estos deportistas en cruzar la rompiente, antes de perfilarse a tomar las olas. Observo en ese cruce con el mar las veces que flaquean sus fuerzas y son abatidos para comenzar nuevamente a enfrentar la fuerza que embiste el titán de las aguas.

Una vez que atraviesan la rompiente, el mar parece ofrecer otras posibilidades, desde la orilla hasta parece contemplarse sereno. Allí los deportistas se mueven con más libertad, y las fuerzas de las olas ya insinúan respetar su mérito al no descargar sobre ellos el torrente de su tajante rompiente.

Toda esta imagen trae a mi mente la analogía de cuando queremos cambiar algo en nuestras vidas. Siempre que nos propongamos algo nuevo o difícil, existirá una rompiente en iguales proporciones que se opondrá delante nuestro para poner a prueba nuestras fuerzas, nuestra inteligencia y nuestra empatía, para atravesar el desafío planteado por nuestras propias ganas de superarnos.

Me gusta mucho la analogía con el agua, porque es un terreno en donde la incertidumbre se hace más presente que en otros terrenos, y da un marco emocional a la experiencia que la vuelve más significativa. Somo seres anímicos y en un 70% somos de ese mismo elemento, agua.

Recuerdo también, ahora que cito con tanta prestancia imágenes marítimas, a un expedicionario argentino que admiro y que he tenido el gusto de conocer personalmente. Me refiero a Alfredo Barragán, quien cruzó el atlántico en 1984 con una balsa de troncos, unidos por cuerdas vegetales, sin timón y con una vela, acompañado de 4 tripulantes con el afán de comprobar que los africanos hacen centenares de años habían realizado ese mismo derrotero.

Lo que quiero destacar, es lo que en una nota periodística le preguntaron: ¿había vencido al mar?, él con la elocuencia que lo distingue, respondió: *"Es imposible vencer al mar, intentar vencerlo es ir al naufragio, yo lo estudié al mar, y él me dejó navegar en sus aguas porque entendió que lo conocíamos, porque vio que no hacíamos nada para violentarlo".*

Así es, a veces cruzar la rompiente no requiere de fuerza, sino de otro tipo de conocimientos que permite atravesarla, y esto es lo que quiero mostrar, que el trabajo integral con nosotros mismos, con el dinero o con otro contenido de valor, requiere de conocimientos específicos, que son los primeros habilitadores para intentar lograr algo, pero también es muy necesario y determinante querer superarnos en cada aprendizaje.

Esta última condición no se enseña, se siente, se palpita, se percibe en el pulso de la vida y en el momento adecuado.

Tu talento se valora en el contexto adecuado

$

Valórate

Días atrás me encontré con un reel en redes sociales, en donde se mostraba, a un violinista con gran expertise haciendo música en un tren subterráneo en Nueva York. Las piezas que el instrumentista interpretaba eran realmente de alguien que entendía, que había estudiado para lograr un gran nivel; la gente se detenía, ya que llamaba la atención.

En mi caso, sabiendo música, pude darme cuenta de que él tenía estructura, sustento y contenido a la hora de hacer arte, justamente mientras observaba el video, me llamó la atención su nivel y en el contexto que estaba tocando.

Lo que mostraba la imagen era que la gente se acercaba a darle algunos billetes y monedas que gentilmente dejaban sobre la funda de su violín, que estaba apoyado en el suelo.

Estuvo tocando música durante 60 min en una estación de subte(metro) bastante transitada. Al cabo de ese tiempo había recaudado por su arte 30 dólares.

El reel avanza y devela luego que este violinista es un consagrado instrumentista, que esa noche daría un concierto como solista en un teatro reconocido de dicha ciudad, en donde la entrada más económica tenía un valor de 150 dólares.

La escena mostraba de manera muy concreta, que *"el talento se valora en el contexto adecuado".*

El mismo instrumentista en distintos contextos, tocando la misma música, tiene otra jerarquía, o nivel de atención, otro encuadre, para que el talento sea reconocido, en este caso en términos de dinero, de manera muy diferente.

Es muy necesario que aprendas a ubicarte en espacios de merecimiento. Lugares en donde lo que tienes para dar sea reconocido y valorado.

Te invito a pensar que en muchas oportunidades nos da mucho temor "brillar", es uno de los males que padece el mundo. Hablo de un brillo despersonalizado, fuera de todo ego y narcisismo. Para realmente sentirse reconocido se necesita valentía. Este tipo de valentía es la que se necesita para evolucionar, para arriesgarse a tomar vértigos que valen la pena.

"Si no te muestras nadie te verá, ni siquiera tú mismo".

Empieza por reconocer tus talentos, en donde "soy bueno", en donde genero aportes al semejante. Todos tenemos esta fuerza, ese fuego sagrado que pulsa siempre por expresarse.

Luego anímate a ser auténtico y expresar lo que tienes, lo más cercano a tus convicciones y gustos; algunos te ayudarán a lanzarte, pero el último paso lo tendrás que dar solo.

Como dice Herman Hesse, **"podrás caminar de a dos, podrás caminar de a tres, pero el último paso debes darlo solo".**

Esos momentos de apropiación permiten la confianza necesaria para luego aventurarse a ubicarse en entornos de mayor merecimiento; en donde el mismo potencial es más valorado.

Esta es la manera más natural y auténtica de "venderse", de cotizar nuestra energía frente a los demás.

Si logras encauzar hacer lo que te gusta, lo harás con gusto, y eso permitirá que los demás observen el disfrute con el cual vives; ese es el mejor de los imanes para que tu vida se llene de oportunidades.

Igualmente te aconsejo que hagas una lista de los contextos en donde te gustaría que reconozcan tu valor. Anímate a ponerle valor $ a lo que tienes para dar, duplica ese valor, observa cómo te sientes, duplícalo nuevamente, ¿crees que es mucho no?, que quizás ya no te acepten. No temas, ensaya poner distintos valores de lo que tienes para dar, te sorprenderás cuando acepten valores que no imaginabas, y que luego de hacer bien tu trabajo, quieren volver a contratarte.

"Aprende a comer en banquetas y en banquetes". Nada tiene de malo hacer música en el subterráneo de una ciudad. Son experiencias distintas, en donde el que se detiene a escucharte, a veces vale más que cualquier dinero que puedan pagarte en una sala prestigiada.

Aprende a entender que los contextos los creamos nosotros para algo, encuentra el sentido de cada contexto, busca el beneficio y aprendizaje que implica, y así todo será más consciente, y aprenderás a valorarte en el contexto adecuado

.

El equilibrio es lo que define tu libertad

$

Libertad

La libertad es un estado interno que desde tiempos inmemoriales pareciera que la humanidad anhela conseguir; casi como un fin, el cual está teñido de plenitud, disfrute y expansión.

Lo cierto es que si nos midieran objetivamente, después de 80 años de vida, ¿cuántos minutos de libertad hemos vivido?, la respuesta sería un poco desalentadora; por lo tanto, a mí me hace bien pensar que la libertad no es un punto de llegada, ni tampoco un estado permanente. La percibo como una brisa tibia que suele mostrarse cuando caminamos a nuestro ritmo consciente, en nuestros propios pies, intentando conseguir nuestras sanas conquistas elegidas, aventurándonos siempre a aprender.

Por lo tanto la libertad aparece para quien se encauza con compromiso en lo que realmente quiere.

Más que conquistarla, la libertad se siente, se palpa en texturas más sensibles de nuestra percepción.

Libertad financiera

Es un concepto que en las últimas décadas se viene escuchando cada vez con más fuerza. Entiendo que las pujantes nuevas generaciones, con más criterio de autonomía y confianza han colaborado en integrar la vida financiera y la calidad de vida a una misma categoría, permitiendo dar un marco de posibilidad más amplia para poder crear una vida abundante, o sea una vida en donde la salud física, anímica, espiritual y financiera sean un faro para seguir y alimentar. Antiguamente la productividad y el dinero, en determinadas culturas inhibieron a las personas al desarrollo de las inquietudes más íntimas. Hoy pareciera percibirse una integración más sensata entre lo que se quiere y lo que se hace; mejor dicho, que lo que se quiere es la base de lo que luego se realiza. Esto genera por consecuencia, personas más íntegras, contentas, más empoderadas y abundantes.

Es por esto, por lo que la libertad financiera empieza tomar más sentido. Técnicamente logramos libertad financiera cuando hemos llegado a una determinada consistencia en cuanto al dinero y la buena y creciente administración del mismo; dicho más simple, cuando ya no nos tenemos que preocupar por generar afanosamente dinero, sino que ya hemos adquirido los conocimientos necesarios para hacer girar la rueda en donde el mismo dinero es el que se genera a sí mismo. Por lo tanto esta posibilidad es totalmente realizable y es solo cuestión de empezar a practicar e ir incorporando paso a paso recursos de valor, practicarlos y generar hábitos de abundancia.

El equilibrio

El equilibrio es el gran sabio de la película, ya que él es quien define la posibilidad de libertad.

¿Cómo funciona esto?

El equilibrio ocurre cuando las expectativas que nos proponemos son acordes al conocimiento que tengo para lograrlas; o sea, que los objetivos que decido encarar sean posibles de conquistar, porque los baso en aptitudes y conocimientos ya asimilados, que me permiten mediante un esfuerzo y acción, alcanzarlos.

Si mis expectativas exceden mi campo de acción, comienza a existir cierta frustración e incongruencia entre el esfuerzo que se hace y la falta de conquista.

He visto muchas personas frustradas por colocar de manera muy poco clara sus expectativas. Teniendo todo para ser libre, al ponerse más horizontes de los posibles, condenan su felicidad a un objetivo desmedido que no logran alcanzar.

Es por esto, que el equilibrio define la libertad, ya que el sano juicio de cómo acomodar su aporte, es lo que genera la oportunidad y posibilidad de abundancia.

En términos financieros, el equilibrio es determinante a la hora de aprender, ya que "la maratón" que implica conquistar la libertad financiera, requiere muchas porciones de libertad que se van consiguiendo paso a paso, sabiendo en cada paso equilibrar las expectativas de cada aprendizaje.

La libertad financiera integral, no depende de la cantidad de dinero que se tenga; en varias ocasiones mucho dinero genera esclavitudes muy pesadas. La posibilidad de decidir es la que nos permite encontrar una vida conforme a los que anhelamos ser. Podríamos decir entonces, que la libertad se logra, cuando los elementos de la abundancia están equilibrados en nuestra vida.

Anímate a liberarte, a construir y decidir tu libertad.

Síntesis 4

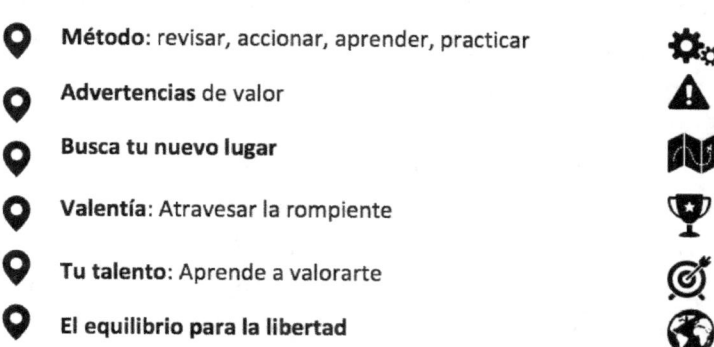

4ta Parte: PRACTICA

📍 **Método**: revisar, accionar, aprender, practicar

📍 **Advertencias** de valor

📍 **Busca tu nuevo lugar**

📍 **Valentía**: Atravesar la rompiente

📍 **Tu talento**: Aprende a valorarte

📍 **El equilibrio para la libertad**

Al final de la jornada, todo se trata de lo que hemos realizado y lo que "debemos" realizar. Tenemos dos formas de hacerlo, en forma improvisada (espontánea) o en forma efectiva, aunque la improvisación desmedida no es amiga de la consistencia.

Puedes seguir mis sugerencias de hábitos y métodos para aprender y desarrollar acciones, también puedes crear los tuyos; pero sin ellos no se puede edificar.

Pensemos en edificar un futuro como si fuera un edificio, no podemos improvisar el cálculo de materiales, se derrumbaría todo como castillo de arena al costado de las olas del mar.

No es difícil, solo requiere de tiempo, de repetir acciones hasta que las incorporemos como un piloto automático, pero también es importante sugestionarse bien. Si nos mentimos diciendo que nos gusta dormir a la mañana, es que nos hemos olvidado lo romántico que puede ser levantarse para ver un amanecer con la persona amada. Sí, usé la palabra "mentir" pues a veces nos mentimos y forzamos conductas. Conozco gente que no le gustaba la mañana, pero a medida que colocamos actividades placenteras en ese momento, la persona se siente energizada, sino pregúntense cómo se han sentido en viajes a lugares que han deseado visitar.

Este libro trata del significado del dinero, y en el fondo es una obra que los ayudará a administrar abundancia y alejar la carencia. Se necesitan hábitos y métodos. Es así de simple.

Si a una actividad le encuentro atractivo y la comienzo a repetir, una y otra vez, la incorporo a mi vida. Debemos ser generosos con quienes nos rodean. Decir que no puedo aprender algo, o que me cuesta desarrollar un hábito, o que se me dificulta tal o cual otra cosa, es subestimarnos, pero principalmente es no cuidar al prójimo que nos rodea.

La vida se basa en principios de energía, no los quiero aburrir con este tema, pero la buena energía atrae la buena energía. Cuando comenzamos a crecer, energizamos a quienes nos rodean, y se forma un círculo virtuoso.

Se trata de DAR.

En esta parte 4 hemos extendido nuestra lectura a un proceso de interacción, con preguntas, con ejercicios para resolver. Plantear 12 semanas de cuestionamientos y actividades para ir anotando en una bitácora, es una invitación a producir hábitos, y si es combinando la lectura de secciones del libro es para sostenerlos en el tiempo. El tiempo que uno utiliza para releer, es un tiempo para imprimirse conceptos, es nuestra actividad de inmersión, para asimilar conceptos.

Una síntesis trata de resumir un corolario, es reforzar un concepto, intentemos manejar el dinero, una dieta, o nuestra relación con el prójimo, al final del día se trata de tener buenos hábitos y métodos para hacerlos crecer.

Hay una cuestión práctica que no podemos dejar de iluminar, cuando comenzamos a respirar bien, a dormir relajadamente, a alimentarnos saludablemente, a ahorrar, invertir, administrar, ganar, desarrollamos abundancia y salud espiritual, física, emocional y financiera; y es ahí que la vida comienza a sonreírnos.

No importan las circunstancias, educan nuestra resiliencia.

Sé que no es fácil, por ello existen personas que nos pueden ayudar en todas las áreas, busquemos apoyo. No seamos avaros, no intentemos hacer todo solos, si necesitamos ingenieros y arquitectos para una casa, también podemos tener coaches, mentores y profesionales de la salud para nuestra vida.

Les compartiré algo, ayuda a otros y verás que la vida misma te comienza a ayudar a vos.

Recuerdo una persona que se quejaba del dinero, no lo hacía en forma explícita, sino que siempre le costaba pagar las cosas. Cuando comenzó a ayudar a otros a ganar mucho dinero, esa abundancia comenzó a fluir en esa persona. Vive en Italia, una vez ganó el equivalente a 20 sueldos, había ocurrido que hizo ganar a otra persona más de 100 sueldos. Sí, funciona más o menos así, recibimos un % de lo que producimos en otros, es como un margen neto. Se los dejo para pensar…

Integración

$

Vive lo que quieres

Después de andar por varios capítulos y temáticas en relación con el dinero, ¿qué sientes cuando estamos casi finalizando este intento de acercarte este contenido desde varios puntos de vista?

¿Cómo se siente conectar el dinero a tu vida? A las experiencias que ya desde pequeños nos tocó transitar con este indicador de valor, que dio la oportunidad de poder alcanzar algunos sueños, que impidió el alcance de otros, y que en otras experiencias no fue necesario para soñar y tomar lo que necesitábamos. En esos momentos donde asomábamos a la vida, existía un indicador de valor que le ponía un precio a nuestros juguetes. Sin duda un elemento que estuvo en el entramado de nuestra historia y lo seguirá estando. Es por ello, que es tan importante relacionarnos de la mejor manera con este aliado ($), que muchas veces nos acompañará dando la tranquilidad necesaria para afrontar circunstancias de la vida, que quizás sean, estas últimas, más importantes que un simple puñado de billetes.

A veces muy necesario y a veces intrascendente, así será este compañero fiel, que en esta vida física no podremos eludir y evadir de nuestro diario vivir.

Recuerda que los cuatro elementos de la abundancia generan nuestro equilibrio en la vida, que de la sensatez con la que encares la misma, será un indicador de integridad para ti y para todos los que te rodean.

Será fundamental que puedas incorporar "las 4 llaves de un rico" para ser consciente de lo que necesitas aprender para tener autodominio en el manejo del dinero.

Es importante destacar que realizo analogías entre el manejo del dinero y el manejo de la energía, en donde la gestión del tiempo también se muestra como un indicador a transitar y medir.

Aprender a administrar abundancia con nuestras 4 alcancías, nos dará la tranquilidad de estar colaborando con aspectos de seguridad y con alcances de expansión en nuestras vidas. Nos permitirá de manera ordenada administrar nuestros días con planificación.

El dominio del valor del dinero nos liberará de una infinidad de pensamientos de preocupación que atormentan a la gran mayoría de los seres humanos. El dominio de este concepto no requiere ser millonario, depende exclusivamente de manejar a consciencia los recursos que hayamos podido generar y desarrollar. Entender este punto será de gran relevancia, ya que esta perspectiva será desde donde podremos lograr el equilibrio y la llamada libertad financiera.

Intenta realizar una síntesis de los conocimientos que pudiste incorporar en este libro, de lo que pudiste experimentar, y finalmente de lo que pudiste cambiar en tu vida y/o lo que te dispones a cambiar a partir de ahora.

Recuerda que el futuro no está escrito y depende de ti cada gota de tinta que escribes en las hojas de tu vida.

Epílogo

Luego de incorporar nuevos conocimientos y practicarlos, intenta verificar como te sientes internamente cuando buscas realizar un aprendizaje a consciencia.

Este libro representa un primer paso y contundente camino para intentar encarar temáticas como las del dinero, desde una óptica integral, permitiendo no solo asimilar recursos y conocimientos nuevos, sino también realizar una fuerte revisión y resignificación de conceptos que permite rediseñar el futuro que cada uno quiere construir.

Sin identificar mecanismos disfuncionales, es complejo rearmar el nuevo horizonte. Es importante entender, y lo has comprobado que "encontrar al dinosaurio no te cambia", pudiste comprobar que tener una buena orientación para "el hacer" reorganiza tu presente de una manera, que "lo viejo" queda obsoleto, permitiendo darle un oxígeno renovador a la actitud de lo nuevo.

El libro también es una honesta invitación a que puedas continuar con este tipo de aprendizajes, ya que es insondable la oportunidad de crecimiento que se proyecta cuando empiezas a articular conocimientos de valor y compruebas en lo concreto que existe la posibilidad de cambiar tus hábitos y construir un mapa propio y claro de lo que necesitas y quieres encontrar.

Podrás vivenciar en breve el beneficio interno que sientes cuando acerques generosamente tus cambios y aprendizajes a otras personas que lo puedan estar necesitando.

El círculo de la ayuda mutua y el interés genuino por una "nostridad", nos dará la convicción de que el aprendizaje colectivo permite renovar las bases de lo que se estudia, generando nuevos códigos y patrones culturales que le dan una corriente benéfica a nuestro diario vivir y a nuestras ansiadas aspiraciones.

En la intimidad única que genera un autor y su lector, te agradezco el respeto por haberte acercado a esta obra, que creé con dedicación, para que pueda llegar a quien la pueda necesitar y valorar.

Anexos

Valor y Temor

$

---

del Libro <u>ABRITE CAMINO.</u>

SN. Netri

Estas dos energías aunque se presenten en forma muy antagónica, tienen fuertes implicancias en el proceso de aprendizaje.

A simple vista podríamos catalogar al temor como una energía negativa y al valor como energía positiva; pero esto solo podría apreciarse en forma superflua, ya que las dos energías contienen su "luz y su sombra".

Vida animal. Temor-Miedo

Si analizamos al temor desde su función de autoconservación, no la llamaríamos temor, sino MIEDO.

Podríamos decir que el miedo cumple una misión funcional en la vida animal. Esta energía ha permitido a todas las especies preservar su vida frente a la amenaza de sus depredadores y ante posibles catástrofes naturales. En este sentido su función instintiva de preservación responde a los principios de la naturaleza y al cumplimiento de ciertas leyes que parecen regularla.

Frente a la presencia del miedo pueden observarse las siguientes características en la vida animal:

- Atención
- Observación
- Ocultamiento
- Huida
- Preparación para la defensa

Todas estas características están al servicio de preservar la "real amenaza" de vida que sufre el animal en esta situación. Podríamos decir que el miedo recrea una suerte de resguardo ante posibles peligros en la cadena natural animal.

Valor-Agresión

El concepto de valor, no podríamos describirlo desde la óptica de la vida animal, debido a que, esta fuerza energética le es propia al ser humano.

Sí, se puede observar en la vida animal, en ciertas situaciones, por ejemplo, cuando una especie enfrenta a una presa en busca de alimento, un abordaje que podría confundirse con el valor, en donde el animal despliega una **fuerte agresión**, decisión de ataque, astucia, rapidez, voracidad, dominio y determinación precisa en la conquista de su objetivo, que en este caso, sería alimentarse, defender su territorio y/o su cría.

Se observa en la naturaleza que esta agresión, sustenta la vida, permitiéndole a cada ser vivo actualizarse, siempre con una tendencia al crecimiento y a brindarse perspectivas de adaptación favorable para su especie.

Es importante realizar estas aclaraciones y distinciones entre **Miedo-Temor y Valor-Agresión**, ya que al analizarlo desde la óptica del ser humano, estos conceptos merecen ciertos detenimientos.

El temor y el valor pertenecen a la potestad del ser humano, por ser él, el único capaz de "pensar" por sí mismo, dándole esta condición la posibilidad de generar una construcción perceptual representando estos dos atributos.

El temor humano

El temor es una fuerza que puede tanto preservar la vida de una persona, como también "paralizarla".

Desde una óptica "organísmica", y en términos de preservación de la vida, el temor cumple una función instintiva similar a la que recrea el miedo en la vida animal. Esta característica también ha funcionado, en forma casi hasta autónoma, para intentar preservar la especie humana. El ser humano huye cuando siente que su vida corre riesgo, se oculta, produce un estado adrenalínico en donde su atención se prepara cuando se siente amenazado.

Cuando la amenaza de vida es "real" el temor cumple una función perfecta.

El problema surge cuando el temor que vivencia el ser humano se encuentra en un plano quimérico. Cuando la amenaza que siente tiene ribetes subjetivos, los cuales son propios a la psicología, hacen que la persona huya de situaciones, que muchas veces aparecen en la vida con claros objetivos de crecimiento.

Subjetividad del Temor:

Como ya hemos visto en otros capítulos, el ser humano va generando conceptos de las experiencias que va viviendo y experimentando. En términos psicológicos, va creando constructos, introyectando conceptos que incorpora y fija en su sistema perceptual; en donde los mismos, tienen una fuerte carga emocional, desde donde percibe y le da significado a cada concepto que recrea en su vida.

Estos constructos empiezan a formar parte de *la identidad* que se cree tener.

El temor en su función instintiva de preservación también actúa en lo psicológico, y siempre va a intentar "defender" lo que la persona considera como su identidad (conformada por dichos conceptos introyectados).

Ahora bien, si el crecimiento y la evolución nos piden "implícitamente" en dicho avance, revisar cómo han sido grabadas y fijadas ciertas vivencias, la "vieja identidad" puede sentirse amenazada, y allí es donde casi inconscientemente el temor instintivo, "hace que el ser huya" y se pierda la posibilidad y oportunidad de resimbolizar sus constructos; lo cual le permitiría actualizar al campo perceptual, nuevas experiencias que la vida le presenta para seguir su crecimiento y evolución.

Entonces, habría siempre que revisar ante cualquier experiencia, si el temor es real o ficticio.

Si el temor que se percibe es real, el individuo está ubicado en tiempo-espacio y puede analizar las variables fenomenológicas y encontrar en su entendimiento que hay un verdadero peligro, allí "el temor bien aplicado" lo preserva y lo cuida en su proceso.

Por contrapartida, si el temor preserva y cuida ciertos prejuicios y creencias (vieja identidad) que ya no actualizan a la persona, su función es negativa y defensiva, impidiéndole al individuo resimbolizar lo que necesita.

Allí es donde decimos que el ser humano puede paralizarse por temor.

El valor

Como comentamos previamente, el valor es una fuerza que le es propia al ser humano. La misma está íntimamente relacionada con nuestras convicciones. Podríamos decir, que son ellas las que inspiran al valor.

En ocasiones, se observa que esta fuerza puede aparecer en situaciones de adversidad. Por ejemplo: frente ante una catástrofe; donde la vida corre riesgo, surge, en oportunidades, una fuerza desbordante, que incluso sorprende a la propia persona, la cual le permite atravesar dificultades que parecían casi imposibles.

Sin bien aquí el valor se presenta en la conducta de la persona, su accionar se dispara como respuesta a una situación emergente, casi como "respuesta inconsciente" en donde el individuo toma registro del peligro y acciona. Este tipo de experiencias hacen que el valor se mueva por "necesidad"; y si bien su respuesta es efectiva, no hay aquí una determinación que lo genera. Todo este proceso es de orden inconsciente y/o subconsciente, dejando al margen el propio entendimiento y decisión de la persona.

El valor que deseamos recrear y analizar tiene otra base de abordaje.

Sugerimos, que el valor tiene que accionarse conscientemente, en donde la propia voluntad se alinea con esta fuerza en busca del objetivo.

Decimos que la determinación de "invocar" el valor, surge inicialmente, de la claridad del objetivo y de las fuertes convicciones que se tenga para realizar el camino hacia esos anhelos. Siempre este tipo de valor no parte de las necesidades emergentes, sino de la fuerza de superación que se tenga. Este "valor" lucha contra las propias limitaciones, dándole otra consistencia, confianza y fortaleza a la persona y al propósito que la inspira.

El Tiempo

$

del Libro ABRITE CAMINO.

Santiago Netri

¿Qué entendemos por tiempo? Vamos a describir un poco el concepto.

Del latín *tempus*, la palabra **tiempo** se utiliza para nombrar a una **magnitud** de carácter físico que se emplea para realizar la medición de lo que dura algo, que es susceptible de cambio. Cuando una cosa pasa de un estado a otro, y dicho cambio es advertido por un observador, ese período puede cuantificarse y medirse como tiempo.

"Dimensión física que representa la sucesión de estados por los que pasa la materia".

"Período determinado durante el que se realiza una acción o se desarrolla un acontecimiento".

Podríamos decir, que en el tiempo transcurre la vida de las personas y la historia de la humanidad.

Es como una cinta transportadora en donde se van fijando las experiencias vividas, dándole un orden, una secuencia y una proyección.

Si bien en la actualidad, en nuestra cultura, el tiempo es tomado como punto de organización horaria que equilibra las distintas actividades de la comunidad; antiguamente sabias civilizaciones lo percibían con mayor profundidad, dándole un orden sagrado en su cosmovisión, en donde el concepto no solamente permitía cierto orden en su civilización, sino también en un plano intra- individual, revelando secretos que contenía "el tiempo" que favorecía todo tipo de evolución en forma integral.

Analizándolo desde la naturaleza, todo proceso natural tiene su tiempo de gestación, maduración y muerte. En dicho proceso transcurre un tiempo que permite la realización del mismo.

Antes de que apareciera la unidad de tiempo, que obviamente le permitió al hombre medir, investigar y tener injerencia sobre ciertos procesos, existían los ciclos de la naturaleza, donde podría apreciarse un tiempo natural, (el día y la noche, la vida y la muerte) evidenciando el primer gran paso para entender que existían en la naturaleza ciclos recurrentes en la vida. Esta observación permitió luego generar una "unidad de tiempo" y así, medir estos procesos e interactuar con ellos.

El tiempo tiene también un aspecto subjetivo que no podemos dejar de nombrar, en donde en cualquier situación corriente podemos percibir esta realidad. Por ejemplo: en una película que convencionalmente dura dos horas, quizás subjetivamente para una persona, puede percibir que transcurre una hora de tiempo, y para otra tres; esto le atribuye a este concepto una connotación sumamente subjetiva de cómo se experimenta y vivencia el tiempo.

La unión de los tiempos es otro abordaje interesante para plantear.

La idea de un tiempo **pasado-presente-futuro** integrado. Si logramos amalgamar estos criterios podemos llegar a la siguiente conclusión:

Nuestros pasados fueron en algún momento nuestros presentes. Entonces el presente que estamos viviendo quizás sea el pasado de nuestro futuro, y ese futuro un nuevo presente.

Si podemos entender que este momento, este presente, es una consecuencia de nuestro pasado, y utilizamos toda la experiencia recogida, sumando los elementos actuales, para afrontar cuestiones existenciales necesarias; no solamente estaríamos afrontando situaciones del presente, sino también, lo estaríamos haciendo en el pasado y en el futuro.

Si nuestro presente cambia, se resimboliza nuestro pasado y nos promovemos un nuevo futuro.

Insistimos, que el concepto de tiempo encierra más secretos y misterios que han inquietado a la humanidad desde siempre.

En referencia a su administración y aprovechamiento, vamos a trabajar con dos enfoques en relación con este concepto:

El tiempo lineal y el tiempo integral.

El tiempo lineal es aquella unidad de medición que nos permite realizar procesos a corto, mediano y largo plazo, teniendo en cuenta un único objetivo.

Siendo consciente de este tiempo lineal se pueden planificar movimientos y estrategias para lograr lo que uno se propone. Tener conciencia de lo que transcurre en el tiempo lineal nos organiza, dándole orden y consecución a las distintas instancias. La consciencia de este tiempo nos permite luego revisar las acciones realizadas, extractando los pasos necesarios para elaborar, repetir y/o enseñar el objetivo logrado.

Es indispensable manejar muy bien con este tipo de tiempo, ya que permite generar indicadores de avance claros en la creación y despliegue de lo que buscamos realizar.

El tiempo integral nos invita a realizar una revisión más abarcativa, de cómo se realizan más de un objetivo al mismo tiempo, sin perder de vista ninguno de los procesos.

Una mirada con perspectiva, con distancia óptima, que le infiere otro ángulo a nuestro mapa estratégico.

Encontrar objetividad en el volumen de actividades es totalmente necesario para administrar abundancia.

Manejar estos dos tipos de tiempo (lineal e integral) es un buen esquema de partida para encauzar crecimientos sostenibles; ya que el tiempo lineal asegurará que las acciones que realizamos estén bien organizadas; y el tiempo integral le dará un mapa estratégico y táctico a lo que necesitamos concretar.

Santiago Netri

Director de CONSULTORA ENTRAMA.

Consultor Organizacional. Especialista en Change Management y Diagnóstico Sistémico. Facilitador experto en desarrollo de equipos de trabajo. Su experiencia como consultor lo lleva a poner un especial énfasis en la comunicación eficaz, el trabajo en equipo y el liderazgo.

La llegada de un nuevo paradigma con organizaciones más humanas y comprometidas, demanda nuevos enfoques en el tratamiento de su capital humano. Entrama, nuestra consultora con sede en Buenos Aires está formada por un equipo interdisciplinario de profesionales expertos en potenciar las redes humanas de todo tipo de organizaciones.

- **Consultor** Certificado internacionalmente por BBA. en Counseling organizacional. Experto en enfoque Rogeriano orientado al campo corporativo.
- **Fundador y director** de Entrama Consultoría http://entramaconsultora.com.ar/

  ⊙ IG entrama.consultoria
- Integrante consultor de redarquía Consultora Ágora Global https://agoraglobal.net.ar/
- **Cofundador de Abrite Camino** (Formación para   emprendedores) http://www.abritecamino.com.ar/

- **Certificaciones Internacionales**
  - Certificación internacional en Change Management. (Change Américas).
  - Certificación internacional Desarrollo Organizacional. (Change Américas).
  - Certificación internacional BBA. en Counseling organizacional.
  - Certificación en enfoque Gestáltico y desarrollo personal.

- Certificación internacional en Coaching Sistémico (Integrar RRHH – Talent Manager).
- Certificación en manejos de crisis y comunicación en equipos de trabajo. (Tomeu Barcelo, Portugal).

- **Docente y capacitador en posgrados** de desarrollo personal (Holos).

- **Docente y capacitador en posgrados** en consultoría organizacional.